MANA

In der Abenteuer REISEN-Reihe bisher erschienen:
Band 1: „Geliebtes Australien“ von Barbara Barkhausen (978-3-95503-012-4)
Band 2: „Verrücktes Australien“ von Daniel Kramer (978-3-95503-032-2)
Band 3: „Geliebtes Kanada“ von Marc Lautenbacher (978-3-95503-051-3)
Band 4: „Geliebtes Griechenland“ von Kurt Schreiner (978-3-95503-054-4)
Band 5: „Geliebtes Brasilien“ von Klaus D. Günther (987-3-95503-064-3)
Band 6: „Fremdes Japan“ von Thomas Bauer (978-3-95503-095-7)
Band 7: „Fremdes Neuseeland“ von Ann Kathrin Saul (978-3-95503-098-8)
Band 8: „Fremder Iran“ von Iris Lemanczyk (978-3-95503-107-7)
Alle Bücher sind auch als E-Book erhältlich.

Bibliografische Information der Deutschen Nationalbibliothek
Die Deutsche Nationalbibliothek verzeichnet diese Publikation in der Deutschen Nationalbibliografie. Detaillierte bibliografische Daten sind im Internet unter http://dnb.dnb.de abrufbar.

Titelfoto: Samdandamba Badamkhorol (Baadma)
Fotos im Innenteil: Renate Warnecke
Karte: CIA
Zeichnungen: Chimeddorj Shagdarjav
Aquarell-Miniaturen: Tumendemberel Gantulga

Umschlagentwurf, Satz und Layout:
MANA-Verlag

Druck
Dardedze, Riga, EU

ISBN
978-3-95503-110-7

Bernhard Wulff

Fremde Mongolei

Die Mongolin

RUSSIA
CHINA
KAZAKHSTAN
ULAANBAATAR
BEIJING
Barnaul
Biysk
Abakan
Tulun
Kyzyl
Angarsk
Irkutsk
Lake Baikal
Chita
Ulan-Ude
Khilok
Mondy
Slyudyanka
Turt
Hövsgöl Nuur
Hatgal
Borzya
Hailar
Hulun Nuur
Kyakhta
Sühbaatar
Ulaangom
Tsagaannuur
Uvs Nuur
Ölgiy
Naranbulag
Gandan Hüryee
Hyargas Nuur
Mörön
Egiyn Gol
Selenge Mörön
Erdenet
Darhan
Dzüünharaa
Bulgan
Hovd
Har Nuur
Nuga
Uliastay
Dzavhan Gol
Tsetserleg
Orhon Gol
Tuul Gol
Dzuunmod
Onon
Choybalsan
Kerulen
Tamsagbulag
Ereentsav
Javarthushuu
Öndörhaan
Baruun-Urt
Chonogol
Uliastai
Altay
Bayanhongor
Böontsagaan Nuur
Bayansayr
Arvayheer
Mandalgovĭ
Choyr
Bor Öndör
Hongor
Bayangol
Sangiyn Dalay
Arguut
Hashaat
Saynshand
Hatansuudal
Dalandzadgad
Urt
Ergel
Wulan (Erenhot)
Ürümqi
Irtysh
Ulungur He
Ob'
Katun'
Biya
Yenisey
Bol'shoy Yenisey
Malyy Yenisey
Trans-Siberian Railway
Angara
Lena
Selenga
Ingoda
Shilka
Argun
Amur
Hailar He
Jining
Zhangjiakou
Hohhot
Baotou
Tangshan
Tianjin
Bo Hai
Shijiazhuang
Taiyuan
Yinchuan
Wuwei
Jiayuguan
Xining
Qinghai Hu
Jinan
Yellow
International boundary
Expressway
Road
Track
Railroad
National capital
Major airport
Major port
0 100 200 300 Kilometers
0 100 200 300 Miles
Scale 1:13,200,000

Die Mongolin

»Wie traurig muss es sein«, sagte die Frau, »nicht als Mongole geboren zu sein!« »Gewiss«, bestätigte der Alte, »es ist ein Unglück; aber welch ein Glück für ihn, dass er den Weg zu uns gefunden hat.«

Fritz Mühlenweg
»In geheimer Mission durch die Wüste Gobi«

Vorwort

Gefunden

Bin ich im weiten Grasland, wird mein Herz frei und die Augen sehen sich nicht satt. Auf der Suche nach dem reinen Klang, dem Ursprung, dem Original, dem Unverfälschten, hatte ich mein Ziel gefunden: in den wogenden Graslandschaften der Mongolei, bei den Nomaden, die für ihre Tiere singen, für Bäume, Felsen und den blauen Himmel.

Die Mongolei lehrt Dich, wer Du bist und in welcher Welt Du lebst.

Das grüne Grasmeer korrespondiert mit dem blauen Himmel, der am Horizont die Erde berührt. In Steppen und Wüsten gibt es kein Rechts und Links, nur Einsamkeit und Weite. In der scheinbaren Leere wird ein Strauch zu einem Ereignis, ebenso die einzelne Wolke am blauen Himmel, die vorübergehend die Sonne verdeckt, das Wasserloch in der Wüste, der einzelne Reiter, die Jurte in der Ferne. Es gibt keine Leere. Jedes Detail bekommt Bedeutung und Würde. Das Herz ist voll und die Seele satt.

Eine Wüste konfrontiert ihre Besucher mit sich selbst, sie ist bedrohend und inspirierend zugleich, Wüsten sind extreme Orte dröhnender Stille, verbunden mit Halluzinationen, Orte, die das Denken erweitern. Im Neuen Testament geht Jesus in die Wüste, die Visionen und Versuchungen freisetzt und ihn mit dem Teufel konfrontiert.

Weltreligionen sind in Wüsten entstanden.

Auf der Suche

Um die Welt zu verstehen, braucht es verschiedene Formen der Intelligenz; einige haben mit Intuition und Träumen zu tun, andere mit Wissen und Erfahrung und damit, wie wir die Welt über unsere fünf Sinne wahrnehmen. Doch diese sind zu unserem Schutz begrenzt. Spätestens seit der Aufklärung vertrauen wir dem klaren Verstand, und dieser lässt uns große Häuser bauen, schnelle Flugzeuge, neue Finanzmärkte erschaffen; doch ist er ist keine Garantie, für Frieden, für Zufriedenheit, Gerechtigkeit und Glück.

Wir gewöhnen uns an zunehmend virtueller werdende Werte, doch auf digitalisierte Abbilder kann man nicht bauen, Informationen werden zu einer Vielzahl beliebiger, unverbindlicher Meldungen. Nicht immer können wir unseren Sinnen trauen. Unsere fünf Sinne sind nicht verlässlich. Wir wissen längst nicht immer, was wir sehen, schmecken, riechen, fühlen und hören. Die Grenze zwischen dem, was wir als Realität, was als deren Gegenteil wahrnehmen, wird undeutlich und fließend. Kunst und künstlerisches Handeln werden unversehens real und konkret – manchmal viel realer und existenzieller als die Wahrnehmung, die uns im Alltag zunächst nützlicher erscheint. Wir brauchen zum Überleben Phantasie und Intuition und wir vermissen Phantasie dann schmerzlich, wenn sie ersetzt wird durch Gewalt. Letztlich sind alle Gewaltkonflikte Ausdruck der Abwesenheit von Phantasie, jede Ausübung von Gewalt beweist das Fehlen von Phantasie.

Künstlerisches Handeln schärft und verändert den Blick auf die Welt. Künstler haben das Privileg und die Pflicht, die Phantasie zu erhalten. Kunst kann uns Orientierung sein, denn kraftvolle Kunst ist anstößig – denkanstößig – und kulturelles Handeln schafft soziale Wirksamkeit. Um es einmal mit den Worten der Politiker zu sagen: Kulturpolitik ist Sozialpolitik.

Phantasie und Intuition brauchen Nahrung: Anregungen, neue Erfahrungen und Eindrücke, Kenntnis anderer Gefühlskulturen, die Begegnung mit Werken schöpferischer Menschen, den Dialog mit ihnen, das eigenschöpferische Handeln. Ein Erlebnis inspiriert alle

Sinne und Gefühlsskalen, unsere Intuition und Phantasie: der reale und lebendige Klang der Musik.

In der Glitzerwelt der Tonträger ist Musik jederzeit verfügbar. Und doch zeigt sich nur die Oberfläche: Viel zu viel Informationsmüll verstellt unseren Blick, provoziert Orientierungsverlust. In manchen Bereichen der Musik sind wir oft weniger gut informiert als die Menschen vor 300 Jahren: In der Barockzeit kannte jeder Musikinteressierte die Unterschiede eines französischen, italienischen, englischen, deutschen Musikstils und deren wichtigste Komponisten. Heute, im Informationszeitalter, findet man kaum einen Profimusiker, der auch nur zwei Namen noch lebender Komponisten aus den verschiedenen Ländern kennt.

Musik ist allzeit präsent, durch Beschallung im Lift, im Kaufhaus, wir hören Musik im Auto oder im Wohnzimmer. Fairerweise spricht man von »Ton-« und nicht von »Musikträgern« – wir schalten einen Tonträger ein, wo, wann und wie oft es uns gefällt, wir regeln die Dynamik lauter oder leiser oder schalten ein Werk ein oder ab, bevor es zu Ende ist, obwohl Zeitgestalt und Dynamik wichtige Elemente der Musik sind. Man greift damit in das Werk eines Komponisten ein, verändert willkürlich die Parameter der Musik und raubt ihr damit einen Teil ihrer Kraft, Energie und Unmittelbarkeit. Sie wird zu einem allzeit verfügbaren Klangrohstoff, zu einem beliebigen Ornament des Alltags. Das Original, das reale und einmalige klangliche Kunstwerk steht mittlerweile in Konkurrenz zu seinem übermächtigen, perfektionierten und konservierten Abbild: den verführerisch blinkenden Tonträgern, die bei noch so teurer Surroundsound-Elektronik leblos bleiben. Tonkonserven sind wie Essenskonserven. Sie ersetzen kein Original. Im Lexikon kann man die brutale Kurzdefinition lesen, was Musik denn sei: »Musik ist eine Kunstgattung, deren Werke aus organisierten Schallereignissen bestehen.«

Eine Lautsprechermembran bleibt vibrierendes, unedles Material, das nie in der Lage sein kann, den Originalklang z.B. einer alten Geige oder einer menschlichen Stimme wiederzugeben. Doch hat Musik hat nichts mit technischen Daten und Frequenzgängen zu tun. Musik wird reduziert auf ihre Schalloberfläche, sie wird zu einer tönenden Schelle und zweidimensional, während der real gespielte Ton immer dreidimensional ist. Wenn man im Sommer an geöffneten Fenstern vorbei geht, merkt man sofort, ob die gehörte Musik von einem tatsächlich gespielten Instrument oder einem Lautsprecher stammt. Dieses Hörverhalten hat auch die Architektur unserer Konzerthallen verändert: In neuen Konzerthallen ist die Reflexion des Klanges sehr gut, auch, weil deren Parameter einfach zu errechnen und als Modell darstellbar sind. Das entspricht lediglich unseren Hörerfahrungen mit unserer Stereo- oder Surroundsound-Anlage zuhause. Doch die Resonanz eines Konzertsaals wird meist vernachlässigt. Ein Konzertsaal ist ein Musikinstrument, wie eine große Violine. Ein Mehrzwecksaal wird das nie sein können, eine Mehrzweck-Violine kann es gar nicht geben.

Wenn man viele Jahre als Musiker in einem Radiosinfonieorchester überwiegend mit der Herstellung von Tonkonserven befasst war, dann weckt das die Sehnsucht nach dem Original – nicht nur nach einer Aufführung, sondern nach dem Kern, was denn nun Musik sei. Durch die verschiedenen Tätigkeiten in der Musik, als Musiker, Dirigent, Lehrer, Organisator, Komponist, Wissenschaftler, Musikethnologe meint man, viel über Musik zu wissen. Doch je dichter ich an die Bausteine der Musik komme, je genauer ich meine zu wissen, was hier und dort zu tun sei, desto größer wird das Wunder. Ich begann eine Reise durch die Musikkulturen der Welt und fand meinen Sehnsuchtsort in der Mongolei. Im Grenzgang zwischen Zivilisationen begriff ich das Hören in der Stille, das Sehen in der Weite, Dieses archaische Land half, wahrzunehmen.

Der Weg zu den Nomaden war weit und begann in den exotischen Restaurants unserer Städte. Wir interessieren uns für leckere Speisen aus fernen Ländern, haben aber in der Regel wenig Interesse an deren Kultur. Dabei bietet das Fremde die Chance, das Eigene besser zu verstehen. Musik und Speisen sind wesentliche Elemente einer nonverbalen Kommunikation im interkulturellen Dialog. Der französische Ethnologe und Anthropologe Claude Lévi-Strauss beschreibt in seiner mytho-kulinarischen Schrift »Das Rohe und das Gekochte« Gemeinsamkeiten und Unterschiede zwischen den Kulturen. Er arbeitete an der Schnittstelle von Natur und Kultur und war fasziniert von den Alternativen zur westlichen Zivilisation. Dabei trennte er in seinen Beobachtungen die »kalten« und »heißen« Gesellschaften mit ihren unterschiedlichen »Garungsstufen« voneinander und entwickelte die These, dass in den differenten Kulturen keine qualitative Differenz zwischen begrifflichem und mythischem Denken – bzw. den verschiedenen »Garungsstufen« der Gesellschaften – bestehe. Keinesfalls sei eine Kultur der anderen kognitiv überlegen, sondern beides seien Varianten einer gleichartigen Verfahrensweise. Bei Getränken ist die kulturelle Differenz klar: Nördliche Länder kochen das Bier, während der Wein vergoren, aber roh bleibt. Das rohe Sushi ist nach seiner Definition nicht minder- oder höherwertig im Vergleich zum gebratenen Schnitzel.

Es stellt sich damit auch die Frage nach den verschiedenen Garungsstufen in der Musik der Kulturen, z.B. im Vergleich von improvisierter und notierter Musik oder dem Halbfertigprodukt einer gelenkten Improvisation oder einer Verbalkomposition, bei der nur Spielanweisungen gegeben werden. Umgekehrt ist die scheinbar frei improvisierte Musik anderer Kulturen auch sehr genauen Mustern und Traditionen unterworfen. Es gibt auslotbare Schnittmengen.

Allerdings stellte Lévi-Strauss eine Kategorisierung bei den Klängen und Geräuschen der Speisenherstellung fest – als Musiker wird man da hellhörig. Lévi-Strauss fand in einer französischen Klosterhandschrift aus dem 12. Jahrhundert den inspirierenden Satz »Wenn es darum geht, das Küchenfeuer zu erhalten, ist das Geräusch gefährlich, Schweigsamkeit zwischen dem Fleisch ist notwendig.« Er ging dieser Frage weiter nach und konstatierte: »In allen unseren Mythen erfordert der Erwerb des Küchenfeuers eine Zurückhaltung gegenüber dem Geräusch. Diese Unvereinbarkeit von Küche und Geräusch wird auch im Abendland von überlieferten Vorschriften bestätigt.« Kulturell höherwertig ist für Lévi-Strauss demnach die Würdigung der Stille während der Zubereitung einer Speise. Die Zubereitung ist eine rituelle Handlung und die Stille während der »Wandlung« der unverarbeiteten Zutaten in eine Speise ist für ihn ein Qualitätskriterium im Vergleich der Kulturen: Nicht das geräuschvolle Hacken, Schneiden, Mahlen, Stechen etc. hat mehr Wert, sondern die stille Handlung: essen mit den Fingern, geräuschlos arbeiten. Der Respekt vor der Speise beginnt mit dem Respekt vor der Stille.

Die verschiedenen Kulturen dieser Welt haben uns wahrhaft einen großen Reichtum und großartige Errungenschaften für das Zusammenleben in Gemeinschaften zu bieten. Wenn wir uns auf diese Angebote einlassen, entdecken wir andere Gefühlskulturen, andere Zeitkonzepte und andere musikalische Ausdruckformen. Wir entdecken, dass in einigen Kulturen das Musizieren eng mit dem Alltag einer Gesellschaft verbunden ist. Die Kirgisen hatten bis vor 80 Jahren noch keine eigene Schrift – nur das überlieferte gesprochene oder gesungene Wort. Das gesamte Wissen des kirgisischen Volkes ist in einer lebendigen Bibliothek, dem Sprechgesang des Manas-Epos, gespeichert und wird während des Singens immer wieder von berufenen Manastschis aktualisiert. Ethische, medizinische, astronomische und astrologische Prinzipien wurden auf diese Weise bewahrt und in ihren halbgesungenen Balladen tradiert.

Die Vietnamesen in den Bergregionen des Landes praktizieren eine der zärtlichsten Musizierformen für zwei Menschen, bei der abwechselnd die Mundhöhle des Partners als Resonanzraum für eine kleine Bambusflöte dient – eine sehr viel weitreichendere Form des musikalischen Dialogs als unser Verständnis von Kammermusik. Musik kann zum Überleben gehören, zum Beispiel bei Schamanenritualen. Die australischen Aborigines haben einen Gesang, der sie sicher durch die Wüste geleitet: Sie singen Songlines, um an Ihre Wasserstellen zu kommen. Wird absichtlich falsch gesungen, droht die Todesstrafe. Die Aborigines haben kein Wort für Musik, es ist identisch mit dem Wort für Leben. Ihre gesungenen Wanderrouten sind nicht die kürzesten Wege, aber sie kommen sicher ans Ziel. Die Nomadenfrau in der Mongolei singt so lange mit einer unendlich zärtlichen Melodie auf eine Ziegenmutter ein, bis diese ihr neugeborenes Zicklein endlich akzeptiert. Oder sie spielt so lange auf der Morin Khuur, der Pferdekopfgeige, bis die Kamelmutter weint und das zuvor abgewiesene, neugeborene Kamel annimmt. Diese Frau ist ein Orpheus für ihre Tiere, und Musik hat in diesen Kulturen eine existenzielle Bedeutung. Sie ist ein Überlebenskonzept unter harten Lebensbedingungen und kein Ornament des Alltags.

Der Weg zur Musik der Nomaden führte über einige Festivals, die zu betreuen ich die Ehre hatte. Dieser Weg öffnete und schärfte mir den Blick auf andere Kulturen, aber auch auf die eigene Kultur. Es begann beim Festival Two Days and Two Nights in Odessa, einer Festivalplattform für Musiker der zeitgenössischen Musik aus Ost- und Westeuropa, u.a. auch für ukrainische Chöre, deren klare Stimmen an den klaren Wind der Berge oder das klare Quellwasser erinnern. In Kirgisien beim Silk-Sound Road gab es den letzten Musikzauberer Nurlan, der eine kleine Tonflöte nur an die Lippen zu setzen brauchte und mit seiner Präsenz bereits einen großen Raum mit Klang erfüllte, bevor er überhaupt zu spielen begann. In Südkorea überraschte das Konzept der Geomungo-Zither, in dem nur die Interpunktion zu einer virtuellen Melodie gesetzt wird, die der Zuhörer erst selbst in seinem Kopf entwickeln musste. Die Trommler Nordkoreas hingegen erstaunten mit sportlich akrobatischem Spiel – und deren totalitäre Regierung mit der weitherzigen Verneigung vor dem international bekannten Komponisten beider Koreas, Isang Yun, dem sie ein eigenes Isang Yun-Sinfonieorchester spendierten, dazu einen Isang Yun-Tower mit 160 Angestellten. In Aserbaidschan erlebte ich beim Caspian Fire Festival die rhythmische Vielfalt aus dem Kulturraum des Kaukasus, der Türkei und dem Iran. In Uruguay auf dem De alla y de aqui (zu Deutsch: Von dort und von hier) waren erstmals Candombè Trommler gemeinsam mit uns auf einer »klassischen« Konzertbühne. Sie sind die Nachfahren der Sklaven Montevideos und vollführen ihre zeremoniellen Trommeltänze allwöchentlich in dunklen Hafengassen. Nach Vietnam kamen zum Festival Cracking Bamboo Teilnehmer aus Laos, Kambodscha, Malaysia und Indonesien, und Philippiner brachten Trommeln aus alten Wasserflaschen mit. Die Marimba-Ensembles Guatemalas spielen nicht nur fröhliche Volksmusik, sondern sie ersetzen mit ihren melodischen Schlaginstrumenten die Orgeln für Sakralmusik in den Kirchen. Unsere Sinne werden in Myanmar (Burma) betäubt von den tiefen Klängen drei Meter langer Trommeln; es ist der Herzschlag der Erde. Andere Solisten sitzen in einem Kreis von ca. 20 feingestimmten Trommeln oder zart vibrierender Gongs. Die burmesischen Musiziertraditionen auf diesen goldverzierten Gong- und Trommelkreisen erstaunen durch die Wechsel zwischen melodisch fließenden Melodien und verhuscht raschen Rhythmen mit abrupten Tempowechseln: zuckend rasant, synchron und einstimmig. Es war für mich ein Privileg, auf den von mir kuratierten Festivals die besten

Musiker aus verschiedenen Kulturräumen und deren Musikkonzepte und Gefühlskulturen kennen zu lernen. Dazu gehören auch das indonesische Gamelan, die thailändischen Harfen, der Tamburellospieler aus Rom und viele andere – und natürlich die alemannischen Fastnachtsklänge auf den Straßen des Südschwarzwaldes und der Nordwestschweiz.

Ich ahnte, hoffte, suchte etwas, von dem nicht klar war, was es am Ende sein würde. Auf dem Weg nach dem Ursprung, dem Original, dem Unverfälschten, dem schönsten, reinen Klang fand ich das Ziel in der Wüste, den Bergen, in den wogenden Graslandschaften der Mongolei, bei den Nomaden, die für ihre Tiere singen, für Bäume, Felsen und den blauen Himmel.

Nomaden

Nomaden schreiben keine Bücher.

Denn es gibt nichts zu berichten: Das Wetter ist so wie es ist, man vertraut dem »ewig blauen Himmel« und eine Nomadenfamilie zieht dann mit ihren Tieren weiter durch die Steppe, wenn die rechte Zeit gekommen ist. Mongolische Nomaden leben im Augenblick, in der Gegenwart – im hügeligen Grasland, das die Herzen öffnet. Jeder Tag ist der schönste. Es ist die endlose Weite, die eine Sehnsucht nach Nähe weckt. Ihre Filzjurten bieten Schutz vor der Kälte im strengen Winter, vor der Sonnenglut im Sommer und sie erfüllen die Sehnsucht nach Nähe.

Nach dem Erwachen am frühen Morgen schaut der Nomade zuerst nach seinen Pferden. Nach den Pferden zu schauen meint auch, auszutreten: »Ich gehe mal hinaus, um nach meinen Pferden zu schauen«. Eine Toilette gibt es in der Regel nicht. Die Steppe ist weit. Anschließend wird in der Jurte Milchtee mit Butter, holzharter Käse und selbstgebackenes Kuchenbrot verzehrt. Er geht gestärkt hinaus, um seine Tiere in der Steppe zu suchen, die sich seit dem letzten Tag weit verteilt haben. Die Nomadenfrau ist dann bis zum nächsten Melktermin allein in der Jurte. Gelegentlich kommt ein Reitersmann vorbei. Jeder Gast ist willkommen, bekommt Tee auf dem Ehrenplatz und bei Kälte dazu ein wärmendes Lager; seinen Geschichten wird dankbar zugehört. Dies ist ein mongolischer Tages-, der Wochen- und der Jahresplan. Daraus entstehen keine Bücher. Die Nomaden leben mit und von der Natur, und man begegnet ihr respektvoll, denn die Gesetze in der Steppe sind hart.

Das Jurteninnere ist klar gegliedert: Die Tür zeigt immer nach Süden. Süden ist also vorn. Man strukturiert die Welt nicht von oben, mit dem Blick auf eine Landkarte, sondern vom Boden aus, deshalb liegt Norden hinten, rechts ist Westen und der Osten links. Jeder mongolische Nomade ist König seiner Jurte und seines privaten Universums, und dieses eigene Universum ist sehr übersichtlich und gleichzeitig unendlich. Die Mongolei hat etwa drei Mio. Einwohner, also drei Mio. Königinnen und Könige. In einer zunehmend komplexer und unübersichtlicher werdenden Welt sind wir fasziniert von der Ausdehnung der Mongolei, der scheinbaren Einfachheit und der Unmittelbarkeit ihrer Menschen. Dieses Land ist für uns mit seiner Unberührtheit ein Mythos – die Ursprünglichkeit der Landschaften, die endlosen Weiten. Die Geschichten vom tapferen Reitervolk, das vor 800 Jahren ein Weltreich eroberte und heute friedlich mit Tierherden umherzieht. Es bedient unsere Sehnsucht nach dem scheinbar Unverfälschten, dem Original, dem Grenzgang zur Zivilisation und der unberührten, intakten, reinen Natur, auch wenn dieser Mythos inzwischen nur noch teilweise stimmt; denn es gibt in der Mongolei ein Nebeneinander der alten Nomadenkultur mit der modernen Gesellschaft. Die Begegnung mit den mongolischen Nomaden schärft auch unseren Blick für die Grenzen unserer eigenen Kultur. Die Mongolen ihrerseits pflegen einen identitätsstiftenden Mythos um Dschingis Khan und sind geeint in einer Verehrung des gottgleichen Übervaters ihrer Nation, der einst das größte Weltreich der Geschichte mit seinen Reitern eroberte. Doch was die Nachfahren bis heute in der Steppe zusammenhält, sind unscheinbare, nonverbale Alltagsgesten, zum Teil von überraschender Zartheit – Alltagszärtlichkeiten. Wir finden sie in Sportregeln, nach denen der Stärkere den Schwächeren fürsorglich unter seine Fittiche nimmt, und in den aus dem Zwiegespräch mit der Natur entstandenen Gesängen für Tiere, Berge, Seen und Bäume: feine Netzwerke, die sich dem erschließen, der aufmerksam und respektvoll die Traditionen und Jagdrituale alter Mongolen beachtet. Diese bieten wahrhaft eine Emotionsbreite von einer hart anmutenden Zeremonie bis zu Gesten anrührender Zärtlichkeit. Auf der anderen Seite zeigt sich die Tradition, bei Wolfsjagden die rohen Organe des erlegten Tieres – weil wohl gesundheitsfördernd – abzuschlecken und die Zähne auch schon mal in das rohe Herz zu schlagen.

Allein in dieser Weite, in der das Auge kein Gegenüber hat, vertraut man zunächst dem endlosen, blauen Himmel. Zum Überleben wurden Dialoge mit der Natur entwickelt, und sensible Regeln und Gesten für den Umgang mit anderen Menschen und Tieren. Nicht ohne Grund hat der Schamane bis heute seine zentrale Rolle als Vertreter einer animistischen Spiritualität behalten, mit seinem Konzept von der Einheit einer belebten, einer nicht belebten und einer spirituellen Welt. Er spricht liebevoll zu den Bäumen, führt uns in eine dunkle, geheimnisvolle Parallelwelt und erinnert uns daran, dass man Steine nicht ungefragt entfernen darf: Sie könnten weinen, wenn sie ihre Geschwister verlassen müssen.

Die Weite und ihre Stille. Stille kann sehr inhaltsreich sein. »Große Musik hat keinen Klang«, sagte einst Laotse. Musik beginnt mit dem Respekt vor der Stille.

Es gibt unterschiedliche Arten: Die Stille einer Wüste ist anders als die über dem Wasser oder auf dem Berg. Wir kennen die entspannende und die gefährliche Stille; die nächtliche unterscheidet sich von der im hellen Sonnenlicht; die aristokratische Majestät der Stille hoher Felswände überwältigt. Auch das Musizieren in der Steppe unterscheidet sich von dem in den Bergen; am Wasser musiziert man anders als in einer Wüste oder im Wald. Wir entdecken in der Weite des Landes, dass diese Stille zu uns spricht, dass sie einen Klang hat, der unsere Seelen berührt. Und in diese übermächtige, herrschaftliche Stille hinein und aus ihr heraus entsteht eine Musik als Dialog mit der Natur. Gegenüber einer schier übermächtig dröhnenden Stille in der Einsamkeit der Wüste Gobi muss sich der seine Bedeutungslosigkeit fühlende Mensch mit kraftvoller Stimme »hinaussingen«.

Vor etwa 800 Jahren wurde das einzige mongolische Buch geschrieben, in mongolischer Sprache, aber notiert mit chinesischen

Schriftzeichen. Niemand konnte es deshalb verstehen, und so wurde es »Die geheime Geschichte der Mongolen« genannt, bis ein Sinologe und Mongolist 1941 als erster auf den Gedanken kam, die chinesischen Schriftzeichen laut zu lesen und damit zu entdecken, dass mit chinesischen Zeichen ein mongolischer Text aufgezeichnet worden war: Geschichten aus alter Zeit, Berichte über gewonnene und verlorene Schlachten.

Die wichtigen Dinge des Lebens werden von Nomaden mündlich übermittelt.

2004.1.2

Kapitel I

Die Großmutter

Die Mongolen benutzen keine Familiennamen, sie stellen dem Eigennamen, zum Beispiel Badamkhorol, den des Vaters Samdandamba, voran. Sie sind selbst für Mongolen umständlich. Im Alltag wird nur der Geburtsname genannt, und Freunde haben eine Kurzform: aus Badamkhorol wird Baadma, aus Khosbayars Khosoo. Den Eltern begegnet man mit Respekt, Dankbarkeit und Zuneigung. Sie werden in Liedern und Epen verehrt, farbige Familiengeschichten wandern von Generation zu Generation und bleiben im Familiengedächtnis lebendig. Dies ist die Geschichte der Familie Samdandamba.

Die Mama des Buben Samdandamba trug knielange schwarze Haare, und ihr Gesicht hatte das sanfte, innere Leuchten mongolischer Frauen, das in der Steppe nie erlischt. Sie war von allen die Schönste. Bis zum Alter von drei Jahren lebte der Bub zu dritt mit der wunderschönen Mama und deren Mutter in einer Jurte in der Provinz Urkhanga in der Nähe von Kharakurum, der ehemaligen Hauptstadt Dschingis Khans. Den Vater lernte er nicht kennen. Dieser ging eines Tages fort zur Armee und kehrte nicht zurück. Jedoch vermisste er ihn auch nicht, denn seine Emee (Großmutter) erklärte ihm schon die Dinge des Lebens, zum Beispiel, dass man nicht einfach sagt: Ich muss Pipi machen. Höflicher ist: Ich muss nach meinen Pferden schauen. Er wusste bereits mit ihnen umzugehen und hatte, wie bei den Mongolen zu jener Zeit üblich, auch bei einem lokalen Naadam-Fest bereits als dreijähriger Kinderjockey an einem Pferderennen teilgenommen, nicht mit herausragendem Erfolg, aber wenigstens war er nicht vom Pferd gefallen, wie es zweien seiner Freunde passiert war. Einer hatte sich dabei einen Arm gebrochen, schnell holte man einen Knochenrichter aus dem Nachbartal, einen Bariatsch, der kenntnisreich die

Bruchstelle von außen abfühlte, mit wenigen Handgriffen die Knochen präzise zusammenfügte und eine Kompresse mit schwarzem Tee und Salz um den Arm wickelte. Er brachte als Medizin die rohe Leber eines Murmeltieres und zum Trinken Wildziegenblut, verfeinert mit etwas Hornpulver der Ziege, damit der gebrochene Knochen schneller wieder zusammenwächst.

Zu seinem dritten Geburtstag wurden ihm die Haare abrasiert, wie allen dreijährigen Buben, bei dem »Fest der geschnittenen Haare«. Drei Jahre lang hatte man den Haarwuchs und dessen leichte Verfilzung geschehen lassen, nun wurden sie restlos abgeschnitten und in einem Khaddak, dem traditionellen blauen Tuch, eingeknotet. Er sah mit seiner Glatze aus wie ein kleiner buddhistischer Mönch. Auch in der Nachbarjurte wurde dieses Fest gefeiert. Ein betrunkener Nomade bestand darauf, den Gästen mit seiner angerosteten Flinte zu zeigen, wie er kürzlich fast einen Wolf erlegt hätte. Sturzbetrunken schoss er innen durch die Filzwand der Jurte. Die Kugel durchschlug diese und traf Samdandambas schöne Mutter, die draußen nach den Tieren sah. Sie starb im Alter von 25 Jahren. In dieser Zeit arbeiteten die Gerichte noch unregelmäßig, es gab kein Verfahren.

Der kleine Samdandamba sah, wie seine tote Mama durch eine Öffnung im Scherengitter der Jurtenwand neben der Tür herausgetragen wurde, die Türschwelle wäre ein Hindernis für den Geist der Verstorbenen gewesen. Dass niemand auf die Türschwelle treten darf, hatte er bereits gelernt. Die Mama wurde traditionsgemäß in Tücher gehüllt und von Familienmitgliedern und Freunden etwa 40 Kilometer entfernt auf den Steppenboden für eine traditionelle Himmelsbestattung abgelegt. Die Geschwindigkeit, mit der Vögel und andere Tiere in der Steppe den abgelegten Leichnam beseitigen, gilt als Beleg für den Lebenswandel der Verstorbenen. Seine Mama war eine gute Frau.

Seine Großmutter war klug und erklärte ihm den Tod mit dem Bild eines Kokons: »Eine Raupe kann es sicher nicht glauben, dass sie sich in einen Schmetterling verwandeln wird, der bis zu den Wolken fliegt und sich von gelben und roten Blumen nährt. Die Raupe kann es nicht begreifen, denn sie rutscht auf dem Boden und ist auch zu fett zum Fliegen. Deiner Mutter wird es gut gehen. Sei ohne Sorge.«

Der kleine Samdandamba blieb allein mit der Großmutter, der Emee. Sie überlebten gemeinsam viele eisig kalte Winter. Von ihr lernte er in den folgenden Jahren alles, was man als Nomade wissen muss, auch viele Märchen und Geschichten und wie man die Tiere im Winter gegen minus 50 Grad schützt. Emee und Enkel bauten dazu nach und nach einen kleinen Verschlag, der die Tiere vor den eisigen Winterstürmen schützte, und sie dichteten die Ritzen mit Kuhdung ab. Jeden Morgen um vier Uhr ging der Junge als Erster hinaus, um bei den Tieren und denen der Nachbarn den ersten Dung zu sammeln, solange der noch nicht hart gefroren war, und dichtete damit die Wände ab. Danach legte er sich wieder schlafen. Die Nachbarn waren überrascht, denn es blieb ihnen kein Mist, um den eigenen Stall abzudichten. Man nannte ihn »Samdandamba, den fleißigen Kuhscheißesammler«.

Nur wenige Nomaden kümmern sich darum, Vorräte für das Vieh im Winter anzulegen. Es gibt durch das trockene Kontinentalklima relativ wenig Schnee im Winter, und die Tiere suchen selbst ihr Futter in der seit dem Oktober schockgefrorenen Steppe. Unerwartet starker Schneefall kann zum Hungertod vieler Herden führen. Emee war eine freundliche Frau. Ihr wettergegerbtes und mit Furchen und Falten durchzogenes Gesicht glich einer wunderschönen Landschaft, in das sich ein leises Lächeln eingegraben hatte und kluge Augen verborgen waren. Sie sprach wenig, denn es gibt in der Steppe nie viel zu besprechen. Was notwendig war, sagte sie weich und bestimmt. Sie trug jeden Tag einen rostfarbenen Del, den traditionellen Umhang aller Nomaden, mit den typischen überlangen Ärmeln und dazu ein rasch geknüpftes grünes Kopftuch und bewegte sich trotz ihres Alters dank des täglichen Umgangs mit Tieren mit eleganter Geschmeidigkeit. Ihre Geschwister sagten bei Besuchen immer anerkennend, sie bewege sich mit der Leichtigkeit und dem Stolz eines jungen Pferdes.

Spielen war für Samdandamba immer eine ernste Sache und Arbeit war immer auch Spiel, mit drei Jahren konnte er schon wie ein Erwachsener reiten, mal fing er die Tiere in der Steppe ein, dann sammelte er »Arghal«, trockenen Kuhdung, alles in spielerischer Nützlichkeit. Ein Nomadenkind ist nicht wirklich ein Kind, sondern als Mitglied einer Nomadenfamilie ein kleiner Erwachsener mit wichtigen und verantwortungsvollen Aufgaben für die Gemeinschaft.

Natürlich lernte er von Emee auch die mongolischen Spiele mit den Schafknöchelchen und den Abzählreimen. Allerdings wurde er von ihr auch in ihrem weichen, liebevoll bestimmten Ton ermahnt: »Steine darf man sich nicht einfach nehmen, man muss sie vorher fragen, ob sie einverstanden sind, denn ihre Geschwister könnten weinen. Wenn man einen Stein mit dem Fuß wegstößt, braucht er drei Jahre, um sich an einem neuen Ort wohlzufühlen.« Er dachte an den Steinbruch hinter den Bergen und überlegte, wie es wohl klingen würde, wenn man die weinenden Steine hören könnte.

Abends erzählte sie ihm die Geschichte von dem Kamel, das in der Asche herumtrampelt.

»Als vor langer Zeit Buddha den zwölf Jahren des mongolischen Kalenders die Namen der Tiere zuordnete, hatte er sich bereits auf elf festgelegt. Das zwölfte Jahr, mit dem der Zyklus beginnen sollte, fehlte. Das Kamel und die Maus schlugen beide ihre Namen vor und stritten sich heftig darum, wer in den Zyklus hineinkommen sollte. Weil Buddha keinen von ihnen beleidigen wollte, sprach er: »Entscheidet das unter euch!« Beide waren einverstanden und schlossen eine Wette ab: Wer am nächsten Morgen die Strahlen der aufgehenden Sonne als erstes sehen würde, nach diesem würde das zwölfte Jahr benannt werden.

Das Kamel sah in Richtung Osten, wo die Sonne aufgehen würde, und wartete auf das Erscheinen der Sonne. Die Maus jedoch kletterte heimlich auf den Höcker des Kamels und starrte unverwandt auf die Bergspitzen im Westen. Als dann die Sonne zu scheinen begann, fielen die ersten Strahlen auf die Gipfel der Berge im Westen. Die Maus erblickte die Sonnenstrahlen zuerst und schrie: »Die Sonne ist aufgegangen!« Das Kamel war sehr wütend, weil es die Wette verloren hatte, und wollte die Maus tot trampeln. Die Maus hatte das Blut in den Kameladern rauschen gehört, krabbelte schnell in einen Aschehaufen und versteckte sich darin. Seit dieser Zeit trampeln Kamele in jedem Aschehaufen herum, um die Maus, ihren Feind, zu zerstampfen.«

»So wurde das zwölfte Jahr zwar nach der Maus benannt«, sagte Emee, »doch heimlich steckt das Kamel immer noch im Kalender, denn sein Körper vereint die Merkmale der Tiere, die da hinein gehören: Es hat die Ohren der Maus, den Bauch der Kuh, die Pfoten des

Tigers, die Lippen des Hasen, den biegsamen Körper des Drachens, die Augen der Schlange, die Mähne des Pferdes, die Wolle des Schafes, den Buckel des Affen, den Kamm des Hahns, die Beine des Hundes und den Ringelschwanz des Schweins.«

Samdandamba führte ein Leben mit harten Naturgesetzen und den Alltagszärtlichkeiten der Nomaden. Später lernte er die Gesänge für die Tiere, den Himmel und die Felsen kennen. Im Verlaufe der Jahre entdeckte er, dass es offenbar warme und kalte Tiere gibt, denn das Fleisch vom Pferd, Kuh oder Schaf bleibt lange warm auf dem Teller, das Fleisch vom Kamel, einem Hasen und einer Ziege, also von Tieren mit gespaltener Oberlippe, wird sehr schnell kalt. Er bevorzugte das Fleisch warmer Tiere.

Großmutter und Enkel hatten eine ausreichend große Herde und kräftige Pferde, sie waren gut versorgt. Um neue Kleidung für den Winter erwerben zu können, verkaufte Emee ein buntscheckiges, junges Pferd an eine befreundete Familie. Sie brachen früh nach Sonnenaufgang auf, es war ein sonnig-kühler Morgen, der Tau funkelte auf den Gräsern, und tief atmend wurde man eins mit der Steppe und ihrem erfrischenden Kräuterduft. Einen Tag lang ritten sie durch die hügelige Ebene, bis hinter die fernen Berge des grauen Kranichs, bis zum legendären Fluss Orkhon, an dessen Ufer auch die Familie lebte. Sie galoppierten zunächst lange nebeneinander und machten später eine Rast im Schatten einer kleinen Baumgruppe. Emee wickelte als Zwischenmahlzeit etwas Hartkäse aus einem Tuch und erklärte, wie ein neues Pferd lernt, sich an seine künftige Umgebung zu gewöhnen. »Letztes Jahr kaufte ich das Pferd, das du jetzt reitest. Erinnerst du dich noch, was ich zur Eingewöhnung machte?« Samdandamba nickte. Ihm fiel ein, wie Emee sich einige lange Haare abgeschnitten hatte und diese mit denen des Pferdes verknüpfte. »Es war lustig«, sagte er, »ich musste damals den Kot von dem Neuling und unseren Pferden vermischen und dem neuen zum Riechen vorhalten.« Er lachte. Auch an drei Ästen eines Baumes musste das neue Pferd schnuppern. Emee fuhr fort: »Die Nomadin schneidet die Pferdewimpern ab und trägt sie einmal im Uhrzeigersinn um die Jurte herum, das bedeutet Glück. Von dem schwarzen Boden des Teetopfes nimmt sie dann etwas Ruß und malt dem neuen Pferd ein Zeichen auf die Stirn, zur Abwehr böser

Geister.« Die Sonne stand hoch am Himmel, und es wurde heiß. Sie beendeten ihre Rast und ritten langsamer weiter, bis sie schließlich ihr Ziel, die Jurte der Käuferfamilie, erreichten.

Gäste in der Jurte sind immer Anlass für ein kleines Fest. Nach einer ausführlichen Begrüßung mit Milchtee und Wodka wurde zur Feier des Tages ein Schaf geschlachtet. Nach langen Gesprächen und fröhlichen Jurtengesängen begann die Zeremonie für das neue Pferd, über die Emee während der Rast erzählt hatte. Der Vater der Käuferfamilie schrieb auf die vier Hufe die Namen der wichtigsten Berge, jeder Fuß bekam noch eine kleine Schnur aus Schafwolle, dann wurde das neue Pferd mit dem der Familie an ihren Köpfen zusammen gebunden, und man gab ihnen zur Belohnung etwas Zucker.

Am Ende des Tages waren alle erleichtert, denn Emees Pferd hatte diese Zeremonie willig akzeptiert und kam in gute Hände. Sie ritten am nächsten Tag weiter zur nächsten Siedlung Kharakurum, um die notwendigen Wintersachen zu kaufen.

Als Samdandamba in das Alter kam, in dem andere Kinder im Winter in das Bezirksschulinternat gingen und erst zum Sommer wieder zu ihren Eltern zurückkehrten, entschied die Großmutter, dass er seinen Unterricht von den buddhistischen Mönchen im benachbarten Kloster bekommen sollte. Ihr Bruder war gegen den Widerstand der sozialistischen Parteifunktionäre zum höchsten Lama der Mongolei gewählt worden und versprach, im Kloster Erdene Khamba auf seinen Neffen aufzupassen und ihn zu unterrichten. In den Sommermonaten kehrte er immer zur Emee zurück, um ihr mit den Tieren zu helfen.

Der Ziegenbock

Eines Sommers gab es zu viele Ziegenböcke und Großmutter erklärte, dass zu viele Böcke nicht gut für eine Herde seien, und man deshalb allen, mit Ausnahme des kräftigen Vaters, die Hoden abscheiden müsse. Aus diesem Anlass wurde ein Fest vorbereitet. Das Ritual für das »Ziegenbock-Hodenschneide-Fest« ist klar geregelt: die Böcke werden gesammelt und die Familie und Freunde zum Fest geladen. Aus dem Kreis der Gäste wird ein Festansager ernannt, ein ständiger

Wodkaausschenker und zwei zuverlässige Khumisgeber für die vergorene Stutenmilch. Emees Khumis war unter den Nachbarn berühmt als die beste vergorene Stutenmilch weit und breit: leicht alkoholisch, erfrischend und reinigend. Sie füllte dazu Stutenmilch in den Khoykhuur, einen Lederbeutel, gab etwas Hefe dazu und schlug die Milch zwei Stunden länger als üblich mit einem durchlöcherten Holzstößel.

Alle Nomaden reisen mit einer eigenen Tasse. So waren alle versorgt. Männer trinken bei einem »Ziegenbock-Hodenschneide-Fest« nach altbewährten Regeln: Zunächst trinken sie in der Jurte drei Wodka und genau so viele Khumis, dann gehen sie hinaus, um gemeinsam nach den Pferden zu schauen und in Männergesprächen die Schönheit der Steppe und Tiere zu preisen und sich gegenseitig zärtlich die Schnupftabakfläschchen aus den groben Nomadenhänden zu streicheln. Man betrachtet das kleine Fläschchen mit liebevollem Respekt, schnuppert am Verschluss oder nimmt sich bei Bedarf eine kleine Prise. »Das Deckelchen deines Fläschchens ist schön gelb, das erinnert mich daran, dass wir lange keine gelben Blumen bei uns sahen. Hoffentlich kommt bald Regen.« »Mal türek targan tavtayu – mögen deine Tiere schön fett werden«, könnte die Antwort lauten, die dann mit »Jööröhöö Balog – möge dein Wunsch in Erfüllung gehen«, kommentiert wird.

Sie kehren von ihrer wichtigen Konferenz draußen in die Jurte zurück und werden wieder vom Wodkaausschenker und den Khumisgebern bedient, dreimal. Anschließend wird lange und ausgiebig gesungen. Wenn das Familienoberhaupt dann meint, dass der rechte Moment gekommen ist, wickelt er ein scharfes Messer in ein blaues Khaddak-Tuch, geht mit allen Gästen hinaus zu den blökenden Ziegenböcken und scheidet ihnen, unter vielerlei Ratschlägen und Kommentaren, mit raschen Schnitten die Hoden ab. Diese werden gekocht und als Delikatesse den Kindern serviert. Die schmerzende Schnittstelle wird währenddessen mit Asche vom Feuerplatz desinfiziert. Anschließend streicht man dem Ziegenbockvater, dem diese einschneidende Zeremonie erspart blieb, ein bisschen Butter auf die Stirn mit den aufmunternden Worten: »Nun bist du wieder der einzige, mach deine Arbeit und beschere uns reichen Nachwuchs.« Irgendwann in der Nacht gehen alle zufrieden heim. Ist einer zu betrunken, wird er in feuchten Filz gewickelt. Bei Emees Fest brauchte man einigen feuchten Filz.

Kleines Schaf

Die Landschaft im Osten der Mongolei ist zweifarbig: das kraftvolle Blau des mongolischen Himmels und das Grün der endlosen, weich geschwungenen Hügelketten. Wir waren unterwegs in der Sukhbataar-Provinz, in einem leichten russischen Jeep mit einem Fahrer und ortskundigem Führer. Ausgefahrene Fahrspuren ersetzen die Straßen; ansonsten sucht man sich selbst seinen Weg durch das Grün, unter dem Blau des Himmels.

Wir befinden uns im Nordosten der Wüste Gobi. Die grasähnlichen Pflanzen ernähren sich vom Morgentau, es gibt kein Wasser und über weite Strecken auch keine Tiere. Taucht ein Wasserlauf auf, ist das Land fruchtbar und traditionell heißbegehrt, es versammeln sich große Herden. Die mongolischen Viehhüter wurden früher von den mandschurischen Besitzern mit Silber für ihre Dienste bezahlt. Bis heute hat sich in dieser Region eine Silberschmiedekunst auf sehr hohem Niveau erhalten. Amraa ist ein stiller Mensch mit großen dunklen Augen, einer, der lange nachdenkt, bevor er etwas sagt, und er ist der Beste seiner Zunft: In seiner einsamen Jurte zaubert er mit feinem Werkzeug die unglaublichsten Schmuckstücke mit versteinerten Korallen aus der Gobi und kostbares Zaumzeug für die Pferde wohlhabender Mongolen, aber auch Trinkgefäße für den traditionellen Tee oder die Wodka-Zeremonie, bei der ein Silberbecher herumgereicht wird und jeder Gast mit dem Ringfinger der rechten Hand einige Wodkatropfen in die vier Himmelsrichtungen verteilt. Silber diente auch zur Erkennung von Giftstoffen in Speisen. Ich habe bei ihm mehrere Becher bestellt, Trinkschalen. Später im Jahr brachte er diese Wunderkunstwerke nach Ulan Bator. In einem kleinen Provinzort in seiner Nähe hatte er zufällig eine Filmreportage gesehen, in der ich ein Orchester leite. Ich dirigiere meist ohne Stab, nur mit den Händen. Vielleicht meinte er, ich hätte meinen verloren. Einen langen Tag brauchte der Bus nach Ulan Bator, er kam zum Konzert, überreichte mir auf der Bühne einen kostbaren Dirigierstab aus Silber und dem Schweißholz eines Rennpferdes, dazu Schnallen für ein Jackett. Amraa ist ein großer Künstler und der einzige Silberschmied im endlos leeren Grasland seiner Provinz.

Wunder gibt es hier jeden Tag, Erlebnisse für die Seele ohnehin. In dieser Gegend hatte Dschingis Khan seine Schwerter schmieden lassen, und man vermutet auch sein Grab unter einem der vielen Hügel. Der wichtigste Berg zur rechten Himmelsverbindung steht hier, zu betreten nur von männlichen Füßen, und in der Nähe der wohl einsamste Grenzposten. Irgendwo im hügeligen Niemandsland, ohne Straßen, und Stunden von einer nächsten Ansiedlung entfernt lebt eine Grenzpostenfamilie: Der Mann verdient für seine Tätigkeit im Monat $ 30.–, die Frau kümmert sich um die wenigen Tiere, und die Kinder laufen lustlos verschmutzt ums Haus. Keine Einsamkeitsidylle, sondern Trostlosigkeit. Weit weg und allein. Dem chinesischen Kollegen auf der anderen Seite der Grenze, in der Ferne, nur schwach sichtbar, wird es ähnlich gehen. Sie bewachen keine Grenze, sondern ihre Einsamkeit auf beiden Seiten.

Grün, grün, grün über viele Stunden, grüner Boden, blauer Himmel, grüner Boden, blauer Himmel – und dann mitten drin: ein kleines weißes Lamm. Höchstens ein paar Tage alt, steht es mutterseelenallein im unendlichen Grün und Blau und ist sofort Objekt unseres Interesses: Man muss es retten, die Nächte sind kalt – aber wie fängt man ein Lamm? Einer der Mongolen springt aus dem Jeep und rennt allerdings ohne Chance dem kleinen Lamm hinterher, es ist einfach flinker, schlägt schnelle Haken und scheint empört zu sein über die Jagd; der Fahrer beschließt es mit seinem Auto müde zu jagen; 25 Stundenkilometer stehen auf dem Tacho; das Lamm ist aber immer noch frei. Ich ahne, dass man sich ihm nicht mit Geschwindigkeit nähern kann sondern vielleicht mit Zuneigung und Wasser. Ich gehe also mit einem Wassernapf in die Hocke, das Lamm beklagt sich in der Ferne. »Mäh, määäh – warum jagt ihr mich?«, meint man zu hören. Es kommt näher, nachdem es gemerkt hat, dass keine Gefahr mehr droht, trinkt aus der dargebotenen Schale und lässt sich auf den Arm nehmen, ein Moment von Zärtlichkeit und Vertrauen. Mit dem Lamm auf dem Schoß fahren wir, nach einer Nomadenfamilie suchend, über weich wellige Grünhügel und finden in der Tat die Herde und die Familie, die das kleine Lamm bereits vermisst. Ich habe es gerettet, also wird es mir geschenkt. Doch was mache ich mit einem Lamm auf der weiten Reise nach Deutschland und dann in meinem kleinen Vorgarten? Ich übertrage die pflegende Verantwortung wieder auf die Familie, muss aber vor meiner Abreise dem Tier einen Namen geben, es füttern und eine Haarlocke von der Stirn schneiden: zur Wiedererkennung. »Es war stark und schnell, schneller als der Mann und auch schneller als das Auto und es kam aus eigenem Entschluss; es hat also königliche Qualitäten: Der Name sei Queen«, sagte ich. »Und weil es eine Königin ist, hat es ein besseres Leben verdient, als im Suppentopf zu landen – also: Lasst es am Leben, mein Fahrer wird immer wieder nach dem Tier schauen.« Währenddessen schnitt der Fahrer dem Tier eine Ringellocke vom Haupt. Es gab reichlich Wodka, doch zunächst eine kleine Silberschale mit Milch; erst das Lamm, dann ich – aus der gleichen Schale. Mensch und Schaf tranken Brüderschaft. Labsal für die Seele.

Filz

Die Nomaden schätzen die Möglichkeiten eines Fernglases. Es ist ein begehrtes Geschenk, und oft wird es in zwei Teile zerlegt, sodass zwei Nomadenfamilien zumindest ein Okular nutzen können. Auch Emee besaß ein altes, was ihr manchmal half, entfernte Tiere schneller zu entdecken. Jemand hatte beim letzten Fest ihren kompletten Feldstecher in der Ecke entdeckt, sich ein Okular abgeschraubt, ihr aber immerhin das zweite dagelassen. Emee störte sich nicht besonders daran, auch damit konnte sie aus der Ferne beobachten, wenn eine Nomadenfamilie zum Beispiel mit der Filzherstellung begann. Unaufgefordert kamen dann helfende Nachbarsfrauen. Die Schafwolle bedeckt, auseinander gerupft und gleichmäßig verteilt, ein großes Tuch auf dem Steppenboden neben der Jurte. Die Frauen befeuchteten die Wolle mit Milch und Wasser, setzten sich um das große Tuch und schlugen singend die Schafwolle mit langen Stangen, bis diese sich, nach Stunden unermüdlichen Schlagens und Benetzens mit

Wasser und Milch, nach und nach verfilzte. Das Tuch mit der feingeschlagenen Wolle wurde um einen langen Holzstab zu einer schweren Rolle gelegt und von einem Pferd einige Kilometer durch die Steppe gezogen. Danach war das Filztuch fertig. Im letzten Jahr hatten die Nachbarn bei Emee eine neue Filzdecke für ihre Jurte geschlagen. Da erblickte sie durchs Okular in der Ferne eine Familie beim Filzschlagen und sie machte sich auf den Weg, den Nachbarn dabei zu helfen. Sie kehrte am nächsten Tag zurück und brachte triumphierend eine Rarität mit: vier rot-grüne Äpfel, die über verschlungene und sicher abenteuerliche Wege von den chinesischen Anbaugebieten im Süden in die Jurte der Nachbarsfreunde gelangt waren.

Einige Tage nach dem Fest nahm man ihren Enkel mit zu seiner ersten Jagd. Emee rieb ihm den rechten Daumen mit Fett ein, was einem Jungen Glück und Schutz bringt. Er wurde zunehmend als Heranwachsender in den Kreis der Erwachsenen aufgenommen. Bereits beim letzten Naadamfest erntete er als Ringkämpfer Anerkennung. Besonders gefielen ihm die schönen Gesten vor und nach dem Kampf: Zwei Ringkämpfer stehen sich gegenüber und imitieren, auf einem Bein stehend, mit ausgebreiteten Armen einen stilisierten Adlerflug. Nach einem meist kurzen Kampf breitet der Sieger wieder seine Schwinge aus und nimmt den Verlierer unter seine Fittiche. Er signalisiert nicht nur, dass er gewonnen hat, sondern dass er durch diesen Sieg die Verantwortung für den Unterlegenen übernimmt. Eine weltweit einzigartige Wettkampfgebärde.

Der Stein

Auf dem Ehrenplatz der Jurte gegenüber der Eingangstür neben den Bildern der Familie und einem vergilbten Foto des Dalai Lama lag ein handgroßer Stein, über dessen Funktion der Enkel oft rätselte, dessen Bedeutung Emee aber nie erklärte. Der Stein war ihr aber wichtig, denn er lag auf dem Ehrenplatz. Es muss an einem Abend kurz nach seinem 16. Geburtstag gewesen sein. Er hatte die Tiere versorgt und setzte sich in der Jurte zur Emee an den zentralen Feuerofen. Sie reichte köstlichen heißen Milchtee mit Butter, entzündete eine zweite Kerze, nahm den Stein und erzählte, wie sie von ihren Eltern verheiratet worden war.

Noch nie hatte sie so lange mit Samdandamba gesprochen. Es war, als fiele ihr mit dieser Geschichte eine Last der Erinnerung von den Schultern. Bis in die späte Nacht saßen Großmutter und Enkel zusammen. Sie wechselten ab und zu neue Kerzen und, während Emee sprach, streichelte sie mit ihren faltig groben Händen zärtlich den Stein, als suchte sie ihre Erinnerungen in seinem Innersten. Samdandamba war seiner Großmutter noch nie so nahe wie in dieser Nacht, als sie ihm ihr Herz ausschüttete. Der Stein war ein Erinnerungsstein und voller Emotionen aus alter Zeit.

Sie war fünfzehn Jahre alt, als ein etwa 20-jähriger Mann von einer entfernt lebenden befreundeten Familie kam und ihnen aushalf. Sie fragte nicht, warum er gekommen war, denn jede helfende Hand war willkommen. Man hütete gemeinsam die Tiere, und nach einem Jahr ging er zu seiner Familie zurück.

Kurz nach seinem Weggang und einige Tage nach ihrem 16. Geburtstag ging sie wie immer früh am Morgen hinaus zu den Tieren und wunderte sich, dass an diesem Tag Pferde, Kamele, Ziegen und Schafe in der Herde standen, die sie nicht kannte. Sie ahnte nicht, dass ihre Eltern heimlich mit der Familie des jungen Mannes bereits alles für ihre Hochzeit vorbereitet hatten.

Sie suchte ihre Eltern auf, um ihnen von dem seltsamen Zuwachs der Herde zu berichten, fand zufällig in der Nebenjurte neue Möbel, Geschenke und viele unbekannte Dinge und wurde von einer inneren Unruhe ergriffen, bevor sie ihre Eltern endlich traf. Diese schauten sich verstohlen an, und die Mama sagte: »Liebe Tochter, mach dir keine Sorgen, wir bereiten etwas für dich vor und in drei Tagen werde ich Dich so schön schmücken wie noch nie. Die Tiere und Möbel sind Geschenke einer befreundeten Familie.« Das Mädchen hatte keine Ahnung, dass sie verheiratet werden sollte, freute sich aber darauf, schön geschmückt zu werden.

Die Freude wurde am nächsten Tag durch den Besuch zweier alter Tanten etwas gestört. Diese wohnten etwas weiter hinter dem Berg und man traf sie nur zu Familienfesten. Emee hatte sie als Mädchen respektiert, aber nie besonders gemocht. Die eine hatte krumme Beine, roch wegen eines Magenleidens stark aus dem Mund und hieß heimlich immer nur Tante Mundgeruch, die andere hatte eine schrille Stimme, seit sie ihrem Mann laut und böse hinterher geschrien hatte, als er sie in einer Sturmnacht verließ. Sie schrie zwei Stunden in die Nacht hinein, die Leute sagten, man habe sie noch beim entfernten Berg des grauen Kranichs hören können. Sie spuckte Blut, verlor für vier Wochen ihre Stimme und krächzte danach wie ein Rabe. Sie war Tante Rabe. Beide Tanten betraten aufgeregt geschäftig die Jurte. Nach alter Nomadentradition küssten sie nicht, sondern sogen zur Begrüßung lautstark den Duft des Gegenübers ein: Wonach riecht er, nach Pferd, Ziege, nach Alkohol oder Milchtee? Bereits in den ersten Sekunden wurden wichtige Aufschlüsse untereinander ausgetauscht.

Nachdem das Mädchen den Tanten den ersten Milchtee gereicht hatte, wurde sie von Tante Rabe hektisch und mit einem wissenden Lächeln aufgefordert: »Komm her, Mädchen. Wir haben Wichtiges zu besprechen.« Sie setzte sich zwischen die Tanten, und beide begannen ausführlich, dem arglosen Mädchen unbekannte und seltsame Dinge zu erklären. Tante Mundgeruch wusste detailliert von Regeln des Zusammenlebens von Mann und Frau zu berichten, unterbrochen von Tante Rabes krächzenden Kommentaren. Das Mädchen war völlig verstört und verstand nicht, warum man ihr das alles erzählte, sie ahnte nur, dass etwas sehr Einschneidendes in ihrem Leben bevorstehen würde.

Vieles war ihr durch den Umgang mit ihren Tieren vertraut, Geburt und Tod, bei zahllosen Geburten von Zicklein und Lämmern hatte sie geholfen und die Tiere mit großgezogen. Sie wusste, warum eine Ziegenherde nur einen Ziegenbock braucht, und sie kannte seine Aufgabe in der Herde. Mit Fragen des geschlechtlichen Zusammenlebens zwischen Mann und Frau hatte sie sich bis dahin nie beschäftigt. Zwar hörte sie nachts in der Jurte ab und zu seltsame Geräusche, wo ihre Eltern schliefen, dachte sich aber wenig dabei und bot ihnen am nächsten Morgen warmen Tee.

Dem Gesprächsbeginn über private Dinge des alltäglichen Zusammenlebens dienen den Mongolen poetische Umschreibungen. Die Männer lassen sich durch die Betrachtung der ausgetauschten Schnupftabakdosen zu einem Gespräch anregen. Die beiden Tanten erläuterten nun abwechselnd und mit zunehmender Begeisterung Formulierungen wie »Ich wechsle die Bluse« oder »Spiel des Fisches.« Damit wird dem Partner zu verstehen gegeben, dass man miteinander schlafen möchte. Die Tanten konnten beredt darüber plaudern, welches Alter eines Mannes zu dem eines Mädchens passte.

»Es ist ganz einfach«, krächzte Tante Rabe, »alle sieben Jahre gibt es ein Feindesjahr, alle fünf ein Freundesjahr, das sich für Beziehungen gut eignet.« »Und Du, liebes Kind«, fiel Tante Mundgeruch kopfnickend ins Wort, »bist im Jahr der Maus geboren, entsprechend müsste dein künftiger Ehemann im Jahr des Drachen geboren sein.« Und so ging es weiter und weiter, und das Mädchen hörte kaum noch zu und hatte das Gefühl, dass es gar nichts mit ihr zu tun hatte, was die Tanten ihr so nachdrücklich erzählten. Doch sie gaben nicht auf, sondern stellten praktische Prognosen für den Alltag: Für die im Mausjahr Geborenen ist Mittwoch besonders günstig für alle Unternehmungen, auch sexueller Art, Dienstag wiederum ist Lebenstag, also für gesundheitliche Pläne, und Samstag ist meist ein Todestag, den sollte man bei wichtigen Dingen meiden. Der Mondkalender spiele eine wichtige Rolle bei der Begegnung von Mann und Frau, und ihre Tantenaugen glänzten vor Vergnügen. Und es ging weiter mit den ungewöhnlichen Lehrstunden: Der Mond kontrolliert das Wasser der Erde und auch die Menschen. Bei Halbmond und Vollmond dürfen Mann und Frau sich nicht treffen, weil alle Geister im Körper sind. Der fünfzehnte Tag beeinflusst die Gebärmutter mit zwei Energien, die gesundheitlichen Schaden verursachen würden. Am dreißigsten Tag bei Vollmond und wenn der Mond weit entfernt ist von der Welt, ist es auch nicht gut sich zu treffen. Alles Wasser zöge sich zurück, auch bei den Frauen. Schlechtes kann geschehen, wenn man bei Vollmond Kinder zeugte, dann könnten diese behindert sein. »Bei unseren Nachbarn starben in den letzten fünf Jahren drei Kinder«, berichtete die Tante Rabe mit der Stimme eines Reibeisens. »Vielleicht hatte der Teufel seine Hand im Spiel. Jedenfalls haben wir der Familie zu einer Zeremonie geraten, die ich auch jederzeit für dich und deinen Nachwuchs machen würde: Damit der Teufel das Kind in Ruhe lässt, gibt man ihm einen besonders hässlichen Namen, zum Beispiel »stinkender, gelber Hund« oder »Kind ohne Namen« und legt es zum Schlafen zu den Hunden oder

der Vater versteckt es in seinem Ärmel.« Tante Mundgeruch nickte und atmete laut zustimmend aus.

Dem Mädchen begann es im Kopf zu schwirren, die Luft wurde ihr eng, es eröffnete sich ihr plötzlich eine bis dahin fremde Welt mit seltsamen Geheimnissen und einem eigentümlich dunklen Wissen. Es beschlich sie ein Gefühl der Ohnmacht. Alles schien ohne sie, hinter ihrem Rücken, vorbereitet und entschieden worden zu sein. Ein nie gekanntes Gefühl der Verlassenheit beschlich sie. Sie ging hinaus, um frische Luft zu atmen. Die Nacht war still, und der prachtvoll funkelnde Sternenhimmel wölbte sich klar bis zum Horizont. Sie setzte sich zu den ruhenden Ziegen und fühlte sich den fern funkelnden Sternen nahe, selbst winzig in der Unendlichkeit des Universums. Das Gefühl der Einsamkeit und der Überforderderung überwältigte sie und ließ sie hemmungslos weinen. Erst als sie einen handgroßen Stein vom Boden aufhob, ihn an sich drückte und ihn in ihrem Kummer einweihte, beruhigte sie sich. Dieser Stein begleitete Emee ihr ganzes Leben.

Die alten Tanten blieben bis zum dritten Tag und halfen dem Mädchen, Gold- und Silberschmuck anzulegen und die üppige Haarpracht zu ordnen. Traditionell wurden ihre langen Haare seitlich zu zwei flachen Bügeln geformt, und sie betrachtete sich im Spiegel mit Tränen des Glücks. Welch prachtvolles Kleid sie trug! Sie wurde eins mit den Kostbarkeiten, wurde selbst zu kostbarem Schmuck. Noch nie hatte sie sich selbst so schön gesehen.

Im Lauf des Morgens kam die Familie des jungen Mannes und brachte ein weißes Pferd als Geschenk. »Das ist für dich, mein Kind«, sagte die Mama, »es wird dich zu deiner neuen Familie und deinem künftigen Mann tragen«.

Das Mädchen begann den Zusammenhang zu verstehen: Es sollte ihr letzter Tag in der elterlichen Jurte werden. Sie wollte aber weder ihre Eltern noch ihre Tiere verlassen, die sie alle mit Namen kannte und die ihr vertrauten. Sie war glücklich ohne ein weißes Pferd. Schnell versteckte sie sich. Sie wusste nicht, dass die Braut einer jeden Hochzeit sich zunächst versteckt und das zum Hochzeitsritual gehört. Der künftige Ehemann muss seine Braut erst suchen und entdecken, womit zum Ausdruck gebracht wird, dass die Brautfamilie einen kostbaren Schatz übergeben hat. Man rief beide Brautleute herein und die Familien sahen gemeinsam zu, wie sie versuchten, sich zu unterhalten. Es fiel ihnen schwer, ihre Schüchternheit zu überwinden. Das Mädchen erinnerte sich in diesem Moment an die vielen seltsamen Dinge, die ihr die Tanten die letzten zwei Tage ununterbrochen erklärt hatten. »Weinen ist gut und bringt viel Glück«, erklärte erbarmungslos Tante Mundgeruch. »Ja, ja«, bestätigte Tante Rabe, »Weinen bei der Hochzeit muss Glück bringen. Ich weiß, wovon ich rede, bei meiner Hochzeit wurde nur gelacht, und niemand weinte.«

Gegen Nachmittag verabschiedete sich die Familie des Bräutigams, und an seiner Seite ritt das Mädchen auf einem weißen Pferd. Im letzten Moment konnte sie noch ihren Stein packen und ihn mit auf die Reise in ein neues Leben mit ungewisser Zukunft nehmen. In der Jurte der neuen Familie angekommen mussten die beiden Brautleute draußen zuerst zur Reinigung zwischen zwei lodernden Flammen durch das Feuer schreiten, dann entzündeten beide das Jurtenfeuer, und die Braut bereitete ihren ersten Milchtee für die Gäste. Mit einem dreitägigen Fest, bei dem viel gelacht und von den Müttern, den Tanten und der Braut zum Ausgleich auch viel geweint wurde, endete ihre Hochzeit mit viel Wodka und Schaffleisch.

Emee seufzte nach dieser Erzählung, füllte Samdandamba Milchtee nach und versorgte ihn mit Butter und etwas Fleisch. »Wir haben uns aneinander gewöhnt und hatten ein gutes, glückliches Leben. Vieles war richtig, was die Tanten damals prophezeit hatten. Es war schön mit meinem Mann, aber nach wenigen Jahren ging er zur Armee und kehrte nicht mehr zurück«. Nach einigen Minuten der Stille, in denen man nur das Feuer unter dem Teetopf knistern hörte, fuhr Emee mit ihrer weichen Stimme fort: »Halte dich nicht lange mit der Vergangenheit auf. Wenn es eine Erinnerung an ein starkes emotionales Erlebnis gibt, hilft zum Ausgleich ein heiteres Erlebnis, wie die Leichtigkeit eines sonnigen Frühlingsmorgens«, und sie begann mit gelöster Miene zu erzählen: »Als deine Mama geboren wurde, gab es, wie auch bei deiner Geburt, eine Kinder-Wasch-Zeremonie für die engere Familie. Wer als Hebamme geholfen hat, ist Ehrengast und bekommt den besten Platz, manche Familie nennt die Hebamme dann ‚Mutter'. Ich bekam als Gebärende die Suppe eines frisch geschlachteten Schafes, und die Hebamme aß das Fleisch vom Rücken des Schafes. Die Hebamme brachte auch eine Felldecke mit drei Gürteln als Geschenk.« Mit lächelnden Augen erwähnte sie, dass sie alle drei noch besitze. Als Mutter vieler Kinder war ihr das Thema wichtig, und sie erklärte weiter die Rituale einer Geburt. »Irgendwann hast Du auch eine Familie und musst diese Dinge wissen«, sagte sie mit ernsthafter Miene und fuhr fort: »Ein neugeborenes Kind wird von der Hebamme zuerst mit schwarzem Tee, danach mit Schafssuppe gewaschen und in das Schaffell eingewickelt, es kann sich dann nicht mehr bewegen und ist geschützt. Der Vater gibt den Namen. Bei diesem Fest isst man nicht das Mark vom Beinknochen und nimmt auch keine Knöchelchen zum Spielen, sondern man lässt alles zusammen im nördlichen Jurtenschrank.« Emee lächelte, von Erinnerungen bewegt, in sich hinein. Das Feuer im Ofen wurde zur schwächer werdenden Glut und sie warteten noch, bis beide Kerzen erloschen waren.

Die Wiederentdeckung der Stille

In einigen Wüsten behaupten sich die Nomaden mit kraftvollen Gesängen gegenüber einer schier übermächtig dröhnenden Stille. Sie kann an manchen Orten den Raum zwischen Himmel und Erde mit einer erschütternden Melancholie füllen oder einer majestätischen Hoffnungslosigkeit, die uns einige Wüsten zumuten, sozusagen eine dröhnende Fortissimo-Maestoso-Stille. Man steht schweigend vor einem riesigen, mehrere hundert Meter hohen Felstrichter und ruft keinesfalls das dort schlummernde Echo der Felswände. Man lässt es im stillen Einvernehmen mit den übrigen Anwesenden ruhen und beginnt, über Variationen der Stille nachzudenken. Als Musiker entdecken wir, neu mit dieser lebendigen Stille umzugehen: Stille ist nicht einfach nur eine Pause; nicht nur ein Nichts. Die Stille hat einen Klang.

Im Altaigebirge, im Westen der Mongolei, hat die Stille einen tiefen, imaginären Ton. Auf einem nächtlichen Hochplateau der Anden mit funkelnden Sternen hingegen wächst der Wunsch, diesen Ort einzuatmen und selbst zu füllen, ein Teil dieser Weite und Ruhe zu werden. An solchen Orten der Stille ist man dem Universum näher.

Die Wahrnehmung ändert sich, je nachdem, wie wir die Stille betreten und sie wieder verlassen; unerwartet oder behutsam sachte. Hat die Stille einen Puls oder ruht das Tempo, kann eine Pause einen Akzent haben, ein Crescendo? Was für eine wunderbare Aufgabe, als Komponist der Stille Gestalt zu geben und in der Musik die verstreichende, pulsierende oder manchmal stehende Zeit in der Stille erfahren zu können. Wie ausdrucksvoll können Fermaten sein. Laotse schrieb einst: »Große Musik ist ohne Klang«. Die Koreaner haben in ihrer traditionellen Musik das Konzept einer Musik der Zwischenräume entwickelt: Nicht die klingende Saite einer Komungo ist das Ziel, sondern der Zwischenraum zwischen den Tönen; die Töne selbst sind nur Interpunktion: Musik entsteht im Kopf.

Vor 500 Jahren widmete der Dichter und Komungospieler Seo-Kyong Dok seiner geliebten Harfe, der Komungo, ein Liebesgedicht:

Wenn du, liebe Komungo, keine Saiten hast,
bleibt nur dein Korpus zurück,
nur scheinbar ist er ohne Nutzen –
birgt er in sich doch Ruhe – und die Bewegung möglicher Klänge.
Hören im Klang ist nicht gleich dem Hören ohne Klang
Im Hören ohne Klang erkennt man die Feinheiten.
Es gibt ein Betrachten der Dinge in ihrer Existenz und jenseits ihrer Existenz.
Ich benutze die Saiten nicht,
aber ich benutze eine Melodie abseits der Saiten.
Ich erkenne sie und genieße das als Klang,
ich genieße den Klang, obwohl er unhörbar ist,
man hört ihn nicht mit dem Ohr sondern mit der Seele,
das ist dein Weg! –
Wie kann ich dann mit dem Ohr die Komungo hören?

Zwischen Wahrnehmung und Wissen liegen Welten. Beruhigend und aufregend zugleich ist die Erkenntnis, dass es, je nach Blick- und Wahrnehmungswinkel, mehrere Wahrheiten gibt. Wir wissen, dass die Erde keine Scheibe ist, und doch sehen wir, wie sich die Sonne von Ost nach West bewegt.

Eine besondere Erfahrung von Stille machte ich, als ich von mongolischen Nomaden eingeladen wurde, der Schlachtung eines Schafes beizuwohnen. Es ist ein Männerritual, und nach den alten Gesetzen der Mongolen darf kein Tropfen Blut die Erde verunreinigen. Diese Zeremonie geht einher mit einer besonders intensiven Wahrnehmung der Stille: Wenn der Moment naht, in dem ein Schaf vom Leben zum Tode befördert werden soll, drehen zwei Männer das ausgewählte Tier schnell auf den Rücken. Das Schaf liegt regungslos, einer der Männer spricht leise und beruhigend, nimmt beinahe zärtlich den Kopf des Tieres in den Arm – man erinnert sich, die Geste bei einer Pietà gesehen zu haben. Der zweite setzt mit einem scharfen Messer blitzschnell im Brustraum einen zehn Zentimeter langen Schnitt, geht mit der Hand hinein und drückt die Aorta ab; nach wenigen Sekunden ist diese zerrissen und das Tier entschlafen und – tot.

Keine hektische Bewegung, kein Laut, kein Kampf, kein Schrei, kaum Blut – stattdessen Stille. Die intensive Stille eines Rituals, man verspürt Respekt, das Bedürfnis, würdevoll mit einem Wesen umzugehen, das sein Leben ließ, zum Überleben der Nomaden.

*

Emee erklärte ihrem Enkel nach und nach alle mongolischen Kräuter und die Geheimnisse traditioneller Medizin, die heilende Wirkung des Fettes eines Schafes und die Mückenabwehr durch das des Schweins. Samdandamba lernte von ihr, dass entzündete Lippen von Mensch und Pferd durch die Nabelschnur eines neugeborenen Kindes oder die Hoden eines Hundes geheilt werden, wobei der Rauch der Jurtenstangen, an die man glühende Holzkohle hält, die Heilung unterstützt. Besonders sorgfältig sprach sie über die Murmeltiere. Sie sind die einzigen Wildtiere, die nicht davonlaufen, sondern neugierig verweilen, wenn man sich besonders auffällig nähert. Murmeltierjäger in der Mongolei kleiden sich deshalb bunt und tanzen wie ein Kranich bis auf eine sichere Schussentfernung an die neugierigen Murmeltiere heran. Sie essen dreißig Kräuter, und ihre Organe wirken wie eine heilsame Medizin: Bei Blasenentzündungen isst man z.B. zweimal getrocknete Murmeltierblasen.

Wolfsjagd und Wolfsmedizin

Es gibt viele Wölfe in der Mongolei. Sie leben in Konkurrenz mit den Nomaden und ab und zu holen sie sich deren Tiere, das können ihre Wachhunde nicht immer verhindern. Eine Wolfsjagd ist ein Männerritual, und einer Einladung dazu kann man sich nicht entziehen, will man die Nomadengesetze der Höflichkeit nicht gröblich verletzen.

Als erfahrungsloser Nichtjäger, der allenfalls im Sommer ein paar lästige Mücken erlegt hat, nehme ich die Einladung zur Treibjagd auf den Wolf dankend an, nicht wissend was am nächsten Morgen auf mich zukommen würde. Es war in einem Februar und die Temperaturen fielen in den Nächten auf unter minus 30 Grad.

Eine Gruppe von acht Männern fuhr am Vorabend in die Berge in der weiteren Umgebung von Ulan Bator. Vier Männer waren Profis, ehemalige Soldaten, Jäger; wir vier anderen waren Amateure. Nach etwa 60 Kilometern stoppten wir in den Bergen bei der Jurte eines Hirten und nächtigten gemeinsam auf dem Boden.

Die Nacht war eisig kalt. Schlecht geschlafen schulterte jeder bei Morgengrauen ein einfaches Gewehr, und die vermummte Gruppe ging zu Fuß weiter zum Wolfsberg – etwa wie eine Partisanengruppe auf geheimer Mission. Die Nomaden der Umgebung hatten immer wieder Überfälle der Wölfe zu beklagen, und noch am Vortag hatten diese wieder Jungtiere gerissen. Der Jagdführer sah fremd und bedrohlich aus: langes, zottelig verfilztes Haar umhüllte sein von der Sonne schwarzbraun verbranntes und zerfurchtes Gesicht, er trug einen Mantel aus einfachem Schaffell. Eine beeindruckende Erscheinung mit raschen, katzenhaften Bewegungen; er sprach kaum und erschien mir unnahbar. Er war der Chef und kannte nicht nur die Gegend gut, sondern auch die Standorte der Wölfe. Er verteilte einige von uns um den Berg, im Abstand von etwa 300 Metern. Der Rest bekam Pferde, mit denen die Wölfe in unsere Richtung getrieben werden sollten. Ich wurde hinter einem Felsen platziert und ermahnt, mich bloß nicht zu bewegen und ja die Umgebung sorgfältig zu beobachten. Ich lag da allein, und die Kälte kroch nach und nach durch die Kleidung. Die Zeit verging langsam in Sekundenschritten. Ich beobachtete regungslos die Umgebung, mit einer Flinte im Anschlag, wie in einem alten Western mit John Wayne. Hier in der Mongolei, bei minus 30 Grad hinter einem Felsen mit einem Gewehr regungslos liegend, erlebte ich die Natur – oder besser, einen Ausschnitt von ihr – konzentriert wie nie zuvor. Selbst darf man sich nicht regen und doch beobachtet man jede Bewegung der Umgebung. Die vorbeifliegenden Krähen, die Farbe der Steine und die aufgehende Sonne, das Licht- und Schattenspiel. Bei der Jagd geht es nicht immer nur um ein erlegtes Tier, den geglückten Schuss, sondern auch um diese ungeheure Intensität der Wahrnehmung der Natur. Plötzlich hörte ich Schüsse; jemand rief mich, ihm zu helfen. Keuchend erklomm ich mit meiner Flinte die 200 Höhenmeter zum Hochplateau. Zwei Amateure standen nun auf der weit ausladenden Wiese, ratlos und im respektvollem Abstand zu einem am Boden liegenden Wolf, ein großes Tier, prachtvoll, mit grau-weißem Fell. Zweifel überkamen mich, ein leises Neidgefühl über das Jagdglück des Kollegen. Dann aber bedauerte ich der Tod dieses wunderbaren Tieres. »Was meinst Du, ist er tot?« fragte mich der Schütze, etwas unsicher und erzählte dann, wie plötzlich ein Rudel von vier Wölfen aus dem kleinen Wäldchen gekommen sei und er mit dem Glück des Anfängers den größten Wolf getroffen habe.

Wolfsjagden können durchaus gefährlich sein, denn Wölfen wird nachgesagt, dass sie sich verstellen können. Immer wieder wird in der Mongolei von Unfällen berichtet, bei denen die Jäger sich zu früh dem vermeintlich erlegten Wolf genähert hatten, dieser sich aber nur tot stellte und dann mit einem Mal aufsprang und angriff. Erst wenige Wochen vor unserer Jagd widerfuhr dies einem berühmten mongolischen Schauspieler, der von einem Wolf auf diese Weise durch einen Biss in die Kehle getötet wurde.

Wir waren ratlos, was jetzt zu tun war und warfen aus sicherer Entfernung ein paar kleine Kieselsteine auf den Wolf, doch der rührte sich nicht. Wir entsicherten unsere Gewehre und gingen ganz langsam, leise, Schritt für Schritt zögernd auf den am Boden liegenden Wolf zu, immer damit rechnend, dass dieser uns anspringen könnte. Schließlich stupsten wir den Wolf mit unseren Gewehrläufen leicht an, er rührte sich nicht mehr. In der Zwischenzeit erreichte uns die übrige Jagdgesellschaft. Einer der Treiber hatte unterwegs ein seltenes Vogelnest am Boden gefunden, das als Glücksbringer gilt: eine runde Nesthöhle aus Schafwolle, wundersam von talentierten Vogelarchitekten erbaut. Ein Geschenk für mich. Dann begann das große Wolfsritual. Einen Wolf zu erblicken bedeutet bereits großes Glück, denn Wölfe sind scheu, und man sagt ihnen große Schlauheit nach. Einen Wolf erlegt zu haben bedeutet deshalb für einen Mongolen schlichtweg das Größte, das ihm widerfahren kann. Von jedem wurde ein Foto mit dem Wolf gemacht, dann öffnete der Jagdführer die erste Wodkaflasche, deren Inhalt komplett dem Wolf gewidmet wurde, und bedankte sich beim Wolf für das Jagdglück; er entschuldigte sich bei den Eltern und der Familie des Wolfes, dass man ihn hatte töten müssen und schüttete den Inhalt seiner Wodkaschale über den Wolf. Wir taten es ihm gleich. Nachdem die erste Flasche geleert war, wurde eine zweite geöffnet, und wieder erhob der zottelige Jagdführer seine Stimme, grüßte die Berge und besonders den Wolfsberg und schleuderte, wie alle anderen auch, den Inhalt der Wodkaschale mit einem Segnungswunsch in Richtung Bergspitze. Die dritte und vierte Wodkaflasche wurde schließlich von uns allen selbst getrunken und geleert, was sich belebend auf die nachfolgende Aufgabe auswirkte: dem Wolf das Fell abzuziehen. Bei Schafen geht dies ruckzuck: hier und dort ein paar kurze, scharfe Schnitte, und mit wenigen Handgriffen ist das Fell wie ein Mantel in wenigen Minuten vom Tier gelöst. Bei einem Wolf ist es eine Herausforderung: Sein Fell ist so stark und so fest mit dem Körper verbunden, dass alle Kräfte gebraucht werden, um es vom Körper zu lösen. Millimeter für Millimeter schnitt der Jagdführer mit seinem Messer kleine Lücken zwischen Fell und Wolfskörper, starke Männer zogen und zerrten daran mit allergrößter Kraftanstrengung, über eine Stunde dauerte die Prozedur. Eine Messerklinge zerbrach, die zweite verbog. Ein befreundeter Arzt hatte mir zuvor bereits in Ulan Bator erzählt, dass in der traditionellen mongolischen Medizin die Innereinen eines Wolfes getrocknet und für therapeutische Zwecke verwendet würden. Das Fleisch wird gedörrt und später als medizinische Kraftbrühe gebraucht. Besonders wirksam und gesundheitsfördernd sind Wolfsorgane, wenn sie roh und frisch genossen werden. Wir stellten uns im Kreis auf, und unser Jagdführer schnitt zuerst dem Wolf das Herz heraus und schleckte es kurz ab. Anschließend übergab er dieses dem nächsten; es wanderte von Nachbarn zu Nachbarn im

Kreis herum. Nachdem es jeder abgeleckt hatte – der eine oder andere schlug auch seine Zähne ins Herz – landete es schließlich in der Plastiktüte. Wie auch ein Organ nach dem anderen, von der Niere bis zur Leber, jedes wurde genüsslich abgelutscht. Das Fleisch wurde von den Knochen gelöst, das Fell und den Schwanz erhielt der Schütze als Trophäe. Übrig blieben ein paar Knochen. Es dämmerte bereits. Nachdem die fünfte Wodkaflasche geleert war, stiegen wir langsam vom Berg.

Am Abend gab es eine Aufführung von Mozarts Don Giovanni in der Oper von Ulan Bator.

*

Als Samdandamba 18 Jahre alt wurde, sagte seine Großmutter zu ihm: »Ich bin jetzt 80 Jahre alt und fühle, dass ich in diesem Winter sterbe. Sei ohne Sorge, aber befolge genau, was ich sage: Wir schlachten bald unseren Ochsen. Das ist dein Fleisch für den ganzen Winter. Iss alles auf. Das reicht. Dann, im Frühjahr, verkaufe alle Tiere und gib die Jurte und die Möbel den Nachbarn. Und danach geh in die Armee.«

Sie schlachteten den Ochsen, und bald darauf starb die Großmutter im strengen Winter, wie sie angekündigt hatte. Samdandamba aß das Fleisch, verkaufte die Tiere im Frühjahr, verschenkte die Jurte und die Möbel an die Nachbarn und ging zur Armee. Er war sprachbegabt, lernte Japanisch, Esperanto und Chinesisch und machte eine Karriere als Spion für die Mongolei in Japan und China.

Ulan Bator, der Rote Recke

Nach der Rückkehr besuchte Samdandamba eneut seinen Onkel im Kloster, den größten und wichtigsten Lama der Mongolei. Dort studierte er buddhistische Medizin und das Deuten von Orakeln. Er erlernte die tibetische Dekorationsmalerei, mit der er später seine eigene Jurte schmückte. Heimlich wurde er selbst Lama und erlernte von Schamanen der Gegend deren spirituelle Kunst. Er war ein Mann mit vielen Talenten und zog in die Hauptstadt Ulan Bator. Seine Kenntnisse der mongolischen Medizin und der mongolischen Schamanen machten ihn sehr bekannt und gefragt. Diese Begabungen brachten ihn in Konflikt mit sozialistischen Parteifunktionären, die erklärten, man brauche Arbeiter und keine kreativen Individuen mit Sinn für Spiritualität und Kunst. So wurde er als Feind des mongolischen Volkes ins Arbeitslager geworfen. Zu jener Zeit musste man bei jeder Bewerbung, ob zum Studium oder für einen Arbeitsplatz, berichten, was die Väter und Vorväter der letzten drei Generationen gemacht hatten. Der Aufenthalt in einem Arbeitslager wäre für seine künftigen Kinder und Kindeskinder eine Katastrophe gewesen. Bei seiner Entlassung befolgte er deshalb die dringende und nachdrückliche Empfehlung der Funktionäre, seinen Lebenslauf zu verändern, und er unterschrieb, dass er nie Lama und Schamane gewesen sei. Er bestätigte, dass er weder andere Sprachen spreche, noch künstlerische Talente und nie Ausländer getroffen habe. Er sei nichts weiter als ein einfacher Arbeiter. Er versprach, auf dem Ehrenplatz seiner Jurte ein Bild von Choibalsan, dem mongolischen Stalin, aufzustellen und ihn täglich mit einer Verbeugung zu grüßen. Choibalsan war 1937 als mächtiger kommunistischer Führer für die Ermordung von 35.000 Mönchen verantwortlich gewesen. Samdandamba beschloss, auf die Rückseite des Bilderrahmens das Portrait des Dalai Lama und eines Schamanen zu klemmen und seine Verbeugung diesen beiden zu widmen.

Er wurde zum Sicherheitschef einer Kaschmirfabrik ernannt und betreute bis zu seiner Pensionierung das Arbeiterkulturzentrum. Von seinem Geld kaufte er viele Bücher und hatte bald eine kleine Privatbibliothek. Schön von Gestalt, redegewandt und charmant, war er insbesondere bei den Frauen beliebt. Er trug zu allen Anlässen Hosen aus Seide, und so nannte man ihn in der Stadt den Seidenhosenträger Samdandamba.

Dann traf er Lkhundev, eine Frau aus dem Altaigebirge. Mit 17 kam sie nach Ulan Bator, als Kindermädchen für die vielen Sprösslinge ihrer Schwester, die mit ihrer Familie das Glück in der Stadt suchte. Damals brauchte man eine Einreiseerlaubnis. Lkhundev reiste ohne Genehmigung, versteckt in einem Transporter unter stinkenden Filzdecken verborgen, zerstochen von Flöhen und anderen Insekten vom Altaigebirge nach Ulan Bator. 17 Tage dauerte die Fahrt. Sie kam heil und glücklich an. Nach ihrem Leben in einer weich-runden Filzjurte in der kristallklaren Luft des Altai, den gelben Blumen im Frühling und dem reinen Wasser der Gebirgsbäche, kam ihr die Stadt mit ihren großen Häusern, dem Rauch der vielen Schornsteine und dem unbekannten Straßenverkehr wie ein anderer Planet vor.

Als nun Samdandamba eines Tages die junge Lkhundev erblickte, sie war jetzt 25 Jahre alt, frisch vom Lande mit goldener Samthaut, apfelroten Wangen, prallen Brüsten, gesund, fröhlich, laut lachend, mit sonnigem Gemüt, erkannte er sofort, dass sie die rechte Frau für ihn und viele gemeinsame Kinder sei, keine seiner kurzen Liebschaften. Sie bekamen fünf Kinder und zogen in den Jurtendistrikt von Ulan Bator.

Daheim führten sie ein Leben in der Tradition der Nomaden. Diese gab ihnen Halt in einer sich schneller drehenden Welt. Sobald man dieses kleine Universum mit dem warmen Herd verließ, lebte man mit den urbanen Licht- und Schattenseiten einer Großstadt und einer Luft, die sich nicht zum Atmen eignete. Samdandamba ging regelmäßig seiner Arbeit im Kulturzentrum nach, die Mutter arbeitete auch als Krankenschwester, was der Familie ein kleines Einkommen sicherte. Er blieb der begabte Schamane, nahm aber nie Geld für seine helfenden Ratschläge und Zeremonien und interessierte sich für die schönen Dinge im Leben, las viel in seinen Büchern und wusste einen besonders begehrten Kräuterschnaps anzusetzen, er selbst trank keinen Alkohol. Seine Initiativen förderten die Talente seiner Kinder, die eine sehr gute Ausbildung erhielten und rasch überregional von sich reden machten. Lkhundev konnte wunderschön singen – eine Naturbegabung. Sie hatte den traditionellen Urtin Duu-Gesang im Altaigebirge erlernt. Dieser Gesang ist ein Dialog mit dem blauen Himmel, und sie füllte mit ihrer Stimme den Raum bis zum blauen Himmel.

Der Urtin-Duu-Gesang

Die Mongolen haben fünf verschiedene Gesangsformen entwickelt: das hymnische Preisen der Natur im Urtin-Duu-Gesang, das Musizieren und Singen für Tiere, den sogenannten Kurzgesang für das gesellige Singen, den Chöömij-Obertongesang und die Sprechgesänge der Schamanen während ihrer Zeremonien. Zwei weltweit einzigartige Gesangstechniken sind aus dem Zwiegespräch mit der Natur entstanden: der Chöömij, der in etwa klingen muss wie der Wind, der um die Felsen streift oder wie eine Kamelmutter, die nach ihrem Jungen schreit, und der prachtvolle hymnische Gesang des Urtin Duu, der in der Steppe kilometerweit hörbar ist und meist von Frauen gesungen wird. In der Einsamkeit und endlosen Weite muss sich der Mensch gegenüber einer schier übermächtig dröhnenden Stille und einem ewig blauen Himmel mit kraftvollen Gesängen gegenüber seiner Verlassenheit und Bedeutungslosigkeit behaupten und den leeren Raum bis zum Himmel und die inneren Räume der Zuhörer mit Gesang füllen. Es ist eine kraftvolle Hymne, bei der die Sängerin alles für den Himmel hergibt, ihre körperliche Kraft, ihre tiefen Emotionen, ein einziger Jubelschrei: Ich bin hier und ich bin allein. Die Urtin-Duu-Sängerin richtet ihre Stimme an den Himmel, singt die aufbauenden Energien vom blauen Himmel herunter, um sie an die umstehenden Zuhörer zu verströmen. In diesem Gesang heißt lauter und leiser nicht alleine stärker und schwächer werdend, sondern näher kommen und sich entfernen. Die Dynamik in dieser Gesangskunst enthält damit eine dritte Dimension, die in Europa erst die zeitgenössische Musik des 20. Jahrhunderts entwickelte. Der Urtin-Duu-Gesang heißt übersetzt langer Gesang, nicht etwa, weil die Melodien besonders lang wären, sondern weil nur sehr wenig Text mit der Melodie transportiert und ein Wort über mehrere Noten in die Länge gezogen wird.

Diese Gesangsform hat eine lange Tradition. Es gibt Belege für eine mindestens 800-jährige Existenz. Die Texte handeln vom Lobpreis der Natur, der Eltern, der Liebe und der schönen Pferde im morgendlichen Sonnenlicht. Er diente auch dazu, den zu hütenden Tieren das Vertrauen zu geben, dass jemand in ihrer Nähe zu ihrem Schutz da ist. Die Besonderheit einer in sich ruhenden Gesangskunst, die über viele Generationen keinerlei Entwicklung oder Veränderung erfahren hat, sichert gleichzeitig deren Erhalt über so viele Generationen und Jahrhunderte hinweg.

Lkhundevs Urtin-Duu-Gesang ist ein Hörereignis von großartiger Natürlichkeit und rauer Schönheit, sie singt ihr Innerstes direkt ins Herz des Hörers, ein Naturerlebnis wie das Wasser in den Bergen oder der Wind der Steppe und ein fundamentales Erlebnis menschlicher Gefühle. Ihre Stimme lässt die Zuhörer weinen vor Glück und Betroffenheit. Bereits als Kind trainierte sie täglich lautstark ihre Stimme in den Bergen, sie rief damit ihre Tiere, verscheuchte einen sich nähernden Wolf und sang spielerisch mit dem Echo.

Später, als Großmutter, wurde sie von der UNESCO ausgezeichnet. Nur sie kannte die uralten Lieder des Altaigebirges, allein auf ihren Schultern ruhte ein Teil der Nomaden-Musikkultur.

Im Wettstreit mit den rasanten zivilisatorischen Entwicklungen, insbesondere nach den politischen Veränderungen nach 1990, den süßen Verlockungen und dem Komfort des Konsums war diese wundervolle Nomadentradition im urbanen Umfeld hoffnungslos unterlegen. Das alte Wissen war für die neue Generation weder Herausforderung noch Orientierung, sondern nur noch Folklore und Ornament bei Festen. Die Tochter wurde ebenso eine der besten Urtin Duu-Sängerinnen des Landes. Sie übernahm die Verantwortung und Pflege der alten Tradition, gab ihren Beruf auf, um eines der unglaublichsten Musikfestivals der Welt zu gründen: das Roaring Hooves Festival, mit vielen Konzerten für die Nomaden in der Wüste Gobi. Die Künstler kamen aus der ganzen Welt zu diesem singulären Musikfest, alle waren fasziniert von der Unmittelbarkeit und der schöpferischen Kraft der mongolischen Gesänge und versuchten, durch private Hilfsaktionen wie Einladungen zu Konzerten im Ausland, den Mongolen zu helfen, ihre kulturelle und musikalische Identität zu bewahren.

Angebote zu Konzerten im Westen und überragende Erfolge mongolischer Künstler in den europäischen Metropolen machten nicht nur die mongolische Musik in Europa besser bekannt, sondern gaben den entscheidenden Impuls für das große Interesse der westlichen Medien an den Mongolen und ihren Traditionen. Auch wurde durch eine starke Initiative der Festivalorganisatoren der mongolische Obertongesang und Urtin-Duu-Gesang als UNESCO-Weltkulturerbe anerkannt, als dieser irrtümlicherweise den Chinesen gutgeschrieben werden sollte.

Urbane Nomaden

In der harten und restriktiven Zeit des Sozialismus wurden viele Details des urbanen Alltags bürokratisiert, kontrolliert oder auch verboten. Dabei hatte jede Familie Sehnsüchte nach Informationen »von da draußen«. Das Nomadenleben in der Steppe ist nicht zu kontrollieren: Wenn die Tiere hungrig sind, zieht man weiter, ob das nun einem Funktionär passt oder nicht. Auch die japanischen Besatzer scheiterten daran und verloren ihren Zugriff auf die Mongolei. Aber in der Stadt blieb man einer ständigen Kontrolle ausgeliefert. Das eigene Handeln stand unter andauerndem Rechtfertigungsgrund.

Rock und Pop waren in der sozialistischen Zeit verboten – auch lange Haare. Nur ein einziges Mal im Jahr, in der Silvesternacht, konnte man für einige Stunden westliche Popmusik hören – im russischen Sender Orbit, der das San Remo-Popfestival übertrug und dessen Radiowellen bis ins ferne Ulan Bator reichten. Die gesamte junge Generation der Mongolei saß in der Silvesternacht am Radio und versuchte sich die ungewohnten Klänge, die fremde Sprache einzuprägen. Nur in dieser Nacht gab es diese einmalige Chance, und man wartete ein ganzes Jahr auf diesen Moment. In den darauf folgenden Tagen traf man sich mit Freunden, um gemeinsam die Hörbeute auszutauschen und zu ergänzen: Einer erinnerte noch eine melodische Wendung, der andere den Klang eines Wortes einer seltsamen fremden Sprache.

Die Kinder kamen an diesem Winternachmittag durchgefroren etwas später von der Schule zurück. Ihr Schulweg durch die undurchdringbare Smogglocke der Stadt war lang: Der völlig überfüllte Bus brauchte normalerweise eine Stunde durch Matsch und Schnee und blieb heute mit defektem Motor auf halber Strecke stehen. Der würzige Geruch der warmen Jurte nach Schaffleisch, Feuer und Milchtee vermittelte sogleich das Gefühl der Geborgenheit inmitten einer immer unwirtlicher werdenden Welt. Wenn der Vater auf seinem Ehrenplatz in der Jurte sitzt, sagt man, die Jurte ist voll. Vater gibt von seinem Teller immer zuerst den Kindern. Von ihm werden fünf Dinge erwartet: ein Blick in die Zukunft, Weisheit, ein gutes Herz und den Mut sich zu entschuldigen, er ist verantwortlich für den Frieden in der Familie und zuständig für Zeremonien. Was Vater sagt ist Gold, und er hält die Erinnerung an die zehn Nomadengebote im Jurtendistrikt von Ulan Bator wach. Er notierte sie in alter mongolischer Kalligraphie für seine Kinder:

1. Schütze die großen und kleinen Tiere und Insekten, töte nie ein Tier zum Spaß.
2. Wenn jemand dir etwas nicht geben möchte, sei nicht enttäuscht, sondern schenke es ihm selbst.
3. Pflege keine schlechten Beziehungen, finde immer friedliche
4. Kompromisse.
5. Sei still wie ein Buddha, sei still, sprich nie zu viel über andere, hab' immer gute Gedanken.
6. Sprich immer korrekt was du denkst.
7. Sprich freundlich.
8. Benutze niemanden für den eigenen Profit.
9. Sei niemals eifersüchtig.
10. Gib Liebe und sei weichherzig, hilf anderen.
11. Kämpfe niemals gegen einen Menschen.

Beide Eltern kannten sich gut aus in der mongolischen Naturmedizin: Wurden die Kinder krank, half mütterlicher Morgenurin, das saubere Mutterwasser vor dem Essen. Mit Mehl wurde es zu einem Teig verrührt, aus dem kleine, runde Plätzchen entstanden. Diese waren einfach zu transportieren und unerlässlicher Bestandteil einer Reiseapotheke. Reiste die Tochter ins ferne Ausland, bekam sie fünf Kilo gebackenen Bordzog (Kuchen) und ein Kilo Borz, das ist getrocknetes und pulverisiertes Rindfleisch, das unter Dschingis Khan die Grundversorgung eines Soldaten für ein Jahr bildete. Zusätzlich wurde ein Tuch mit Hartkäse gefüllt und eines mit den Mutterwasserplätzchen. Fühlt man in der Fremde Heimweh isst man eines davon, ein bisschen mütterliche Heimat hilft immer.

Die Töchter wurden bis zu ihrem achten Lebensjahr noch an der Brust genährt – sehr zur Überraschung ihrer Spielkameraden. Doch der Mutter war es wichtig, ihre Kinder gesund und ausreichend zu versorgen. Die jüngere Schwester kaufte als kleines Mädchen das Fleisch und ihre ältere Schwester die Milch. Einen Kühlschrank hatte man nicht. Fleisch aß man nur im Winter und dann auch nur die günstigen, aber leckeren und sehr nahrhaften Schafköpfe; eine Delikatesse für die ganze Familie. Die Mädchen säuberten den Kopf vom Fell. Man schnitt dazu von unten bei der geschnittenen Kehle langsam nach oben und klappte das Fell vom Kopf. Besonders lecker sind die Lippen, die Wangen, Gaumen und die Ohren. Das Fleisch des weichen Gaumens macht die Hände der Mädchen angeblich biegsam und nutzbar für saubere Näharbeiten.

Bei der kasachischen Minorität im nordwestlichen Altaigebirge liegt nicht nur der gekochte Schafkopf auf dem Tisch, sondern ein Auge wird mit dem Gast geteilt, um ewige Freundschaft zu schließen. Die Kinder lieben besonders die Ohren und den Fettsteiß, heißbegehrte Leckereien.

Als der Vater verstarb, bekam die Mama von ihrer Verwandtschaft eine Kuh, zwei Schafe und zwei Ziegen. Im Laufe der Jahre wurden es dreißig Ziegen und Schafe. Die Kuh bekam jedes Jahr ein Kalb, das dann im Winter geschlachtet wurde.

Mongolische Frauen

Und dann gibt es den 48. Breitengrad: wer diesen in Deutschland z.B. in Freiburg betritt und immer nach Osten geht – oder reitet – trifft nach etwa 8000 Kilometern das Zentrum der mongolischen Hauptstadt Ulan Bator – allerdings unter deutlich anderen klimatischen Verhältnissen als am Oberrhein. Er befindet sich dann exakt auf dem riesigen Dschingis-Khan-Platz. Das ist das Herz der Stadt, Schmelztiegel und Spannungsfeld der heutigen Mongolei, im faszinierenden Nebeneinander einer alten Nomadenkultur und den Licht- und Schattenseiten einer urbanen Gesellschaft. Ulan Bator ist eine lärmige Stadt mit dem etwas spröden Plattenbau-Charme sibirischer Städte, aber einem überraschend munteren Kulturleben, einem Opernhaus und zwei Sinfonieorchestern. Wir sehen bettelnde Straßenkinder, die im Winter in der Kanalisation leben, erfolgreiche Geschäftsleute in viel zu vielen Luxusautos mit meist abgedunkelten Scheiben – man möchte gesehen, aber nicht erkannt werden. Harte Kontraste zur Armut der Menschen in den Jurtendistrikten am Stadtrand. Neben traditionell gewandeten, stolzen Hirten vom Lande fallen wunderschöne, wie von innen leuchtende Frauengesichter auf. Ein Merkmal der Nomadenfrauen. Vielleicht bewirkt dies die auf dem Lande viel getrunkene, vergorene Stutenmilch oder die besonderen Milchprodukte der Nomaden. Oder es liegt an dem Leben im Clan, in einer paradiesisch klaren Landschaft. Das Leben auf reduziert engem Raum einer Jurte inmitten einer endlosen Steppenlandschaft bietet eine ungewöhnliche Emotionsbreite. Sobald Nomaden in der Stadt wohnen, verändern sich mit der Urbanität die Lebens- und Essgewohnheiten. Dort erlischt den Nomadenfrauen nach und nach das Leuchten ihres Antlitzes. Begegnen wir mongolischen Frauen in ihrem Reich, strahlt uns in ihren Gesichtern das Glück dieser Erde entgegen. Mongolinnen sind unabhängig, selbstbewusst, allein erziehende Frauen werden respektiert. In der Zeit des Sozialismus wurden Frauen ausgezeichnet, wenn sie sehr viele Kinder gebaren – dabei mussten nicht alle Kinder vom selben Vater sein. Im Kulturleben und in vielen Organisationsformen sind Frauen besonders starke und treibende Kräfte. Sie sind es, die Verantwortung fühlen und annehmen. Dabei haben sie sich eine unverfälschte Direktheit bewahrt. Sie sagen offen was sie mögen, was sie nicht wollen und sind von naturhafter Leidenschaft und Unbekümmertheit.

Der Gast kam im Winter am frühen Abend und legte sich zum Schlafen auf den Boden einer Jurte, inmitten einer größeren Familie. Nachts wurde er davon wach, wie sich die junge Nomadenfrau leise zu ihm legte und nach einer außergewöhnlichen halben Stunde wieder still entfernte. Es wurde niemand im Schlaf gestört, es gab keinen Laut. Am nächsten Morgen auch keinerlei Anzeichen die auf den nächtlichen Besuch hingedeutet hätten. Gegen Abend ging es mit einem Jeep hinaus, um die weit verstreuten Kamele einzusammeln. Der Gast ritt noch nie allein auf einem Kamel und soll ein Tier durch die beginnende Dunkelheit zurück zur weit entfernten Jurte bewegen. Er probiert ein wenig und kaum sitzt er einigermaßen entspannt, setzt sich die Nomadenfrau lachend auf ihr Kamel, deutet an, warum für eine Frau das Reiten auf einem Kamel schön und befriedigend sein kann und treibt die restlichen Kamele singend davon. Einsam, inmitten der nächtlichen Dunkelheit vertraut sich der Gast seinem Kamel und dessen Wegkenntnissen an. In der Jurte gibt es warmen Milchtee.

Ulan Bator

Die Hauptstadt Ulan Bator, erbaut mit Hilfe der Sowjetunion sowie japanischen Kriegsgefangenen, ist im westlichen Lebensstil angekommen. Es entwickelt sich eine urbane Nomadengesellschaft, die aus ökonomischen Gründen die Wohnorte von den Arbeitsorten getrennt und ein urbanes Nomadentum hervorgebracht hat. Arbeitsnomaden können mehrere Wochen auf Montage unterwegs sein oder sie kehren nur noch an den Wochenenden an ihren Wohnort zurück. Es gehört zum guten Ton, den Urlaub möglichst weit entfernt zu verbringen, als Trucker nomadisierend auf dem LKW. Urbanes Nomadentum ist ein Synonym für Entwurzelung geworden und hat keine unverwechselbare Kultur hervorgebracht, sondern den Menschen einen hohen Preis abverlangt: die Atomisierung der Gesellschaft. Die trügerische Hoffnung auf eine bescheidene Teilhabe am Wohlstand und die Imitation westlicher Lebensmodelle verändern radikal die Strukturen einer alten Nomadengesellschaft, die kostbare kulturelle Entwicklungen des friedlichen Zusammenlebens ausgebildet hatte. Uralte und in der Welt einmalige künstlerische Ausdrucksformen werden zunehmend in touristische Veranstaltungen und in den Zirkus abgedrängt. Das imitierte Wertesystem mit dem Glauben, Bankern die Zukunft der Steppenwelt überlassen zu können, ist in Ulan Bator bereits an seine Grenzen gestoßen. Es ist für mongolische Nomaden keine Alternative zu ihrem Lebensentwurf. Dabei hätte genau dieser für eine aus den Fugen geratenen Welt Vorbild sein können: sich als Dialogpartner der Natur neu zu entdecken.

Ein Naturwunder in der Gobi

»Du musst unser melodisches Wasser kennenlernen«, sagten mir die Nomaden, denen ich erklärt hatte, dass ich Musiker bin. Sie hatten bereits vom Roaring Hooves Festival gehört und warben sehr darum, es in ihre Provinz bringen zu können. Ich war auf Erkundungsfahrt im Osten der Mongolei und folgte dem sonderbaren Hinweis auf das melodische Wasser. Nach einer mehrstündigen Fahrt in einem russischen Jeep erreichten wir den Ganga See. Hier treffen sich jedes Jahr 10.000 Schwäne und sorgen für ein einzigartiges Naturschauspiel vor ihrem gefährlichen Flug über den Himalaya nach China und Indien. Sie bilden kleine Gruppen für ihren Schwanentanz, der mit dem Abflug unter flügelschlagendem Applaus der verbleibenden Schwäne endet. Der Ganga See liegt in einer mineralischen Umgebung und gilt als Salzsee. Er wird von 21 Quellen gespeist und ist Schauplatz eines unerklärlichen Phänomens: Permanent sprudelt Wasser aus dem Sand und sammelt sich in einem kleinen Tümpel, bevor es weiter in den See läuft. Man klatscht in die Hände, und schon quillt mehr Wasser, wir singen ein paar Töne, und es scheint zu tanzen, wir singen lauter und das Wasser sprudelt stärker, wir singen leise und es versiegt fast. Man möchte meinen, jemand spielt an diesem verlassenen Ort mit einer Fernbedienung. Es wurde noch nie erforscht, es gibt keinerlei Erklärung. Vielleicht doch eine Täuschung der Sinne oder möglicherweise ein Wunder? Wunder und Träume brauchen keine Erklärung oder Rechtfertigung – in Europa hätte man sicher schon vor 500 Jahren eine Kathedrale um das melodische Wasser errichtet.

Kapitel II

Das Festival

Das große Tor zum Eintritt in die mongolische Kultur war 1999 das Festival Roaring Hooves, auf Mongolisch dem Sinne nach Aufbruch und Bewegung. Gemeinsam mit jungen Mongolen habe ich dieses Projekt konzipiert, das sich in kurzer Zeit zu einem der originellsten Musikfestivals der Welt entwickeln sollte.

Erstmals reiste ich in die Mongolei zum mongolischen Staats-Naadam, der alljährlich im Juli stattfindet. Während dieses mehrtägigen Sportfestes kommen nicht nur die besten Sportler und Pferde nach Ulan Bator, sondern auch die wichtigsten Musiker und Ensembles. Ich habe die Staatsphilharmonie dirigiert und hatte am Ende meines Aufenthalts einen überraschend guten Überblick über die mongolische Musikkultur erhalten können. Ich traf die besten Sänger und Instrumentalisten, Akrobaten und Tänzer. Die Mongolei hat eine überproportionale Zahl kreativer Menschen. Es war rasch klar, dass man internationale Musiker für eine derart weite Reise zu einem Festival nur wird gewinnen können, wenn ihnen auch besondere Aufführungsformate geboten werden. Der vertrauensvolle Kontakt zu den Nomaden und zu den Ministerien hat über 15 Jahre Veranstaltungen entstehen lassen, die man sich nicht einmal erträumen kann. Selbst berühmten Musikern, die mit übervollem Terminkalender heute in Berlin, nächste Woche in Toronto oder New York spielen, glitzert es in den Augen, wenn sie gefragt werden, ob sie sich vorstellen könnten, in der Wüste Gobi, im Lande von Dschingis Khan, auf einer Sanddüne für Nomaden zu spielen, in einem Kloster für die Lamas, für die Schamanen des Nordens, in Konzerten für die Bäume, Berge und den See. Der Terminkalender wird dann schnell aufgeräumt. Dic Mongolci macht süchtig: Einige Musiker und Gäste kamen schon zum sechsten oder siebenten Mal, in 15 Jahren aus immerhin 30 Ländern.

Was für eine brillante Woche im Juni. Die Stille der Wüste Gobi wird mit Musik aus der ganzen Welt gefüllt: Musiker, Installationskünstler, Musikwissenschaftler, Komponisten, bildende Künstler und Journalisten treffen sich bei Roaring Hooves. Auch Modedesigner gehören dazu, die wegen der originellsten und atemberaubendsten Modeschau gekommen sind: The Gobi Fashion Show. Die schönsten Models der Mongolei in exquisiter Kleidung werden von westlichen Musikern mit zeitgenössischer Musik in einer gemeinsamen Choreographie durch den Wüstensand begleitet, oder von einem Tubisten, der sich spontan entschloss, die Models musizierend in einen nahe gelegenen flachen See zu lenken. Bei einer anderen Gelegenheit schritten sie wie Wesen von einem anderen Stern durch tausend wartende Steppenreiter. Eine abendliche Body-Painting-Show gehörte dazu, bei der mongolische Künstler aufwendige Kunstwerke auf die Körper malten.

Naadam

Die Frage: »Warum neue Musik in der Wüste Gobi?« ist leicht zu beantworten: weil es hier die meisten Zuhörer gibt. Die Wüste ist dünn besiedelt, aber sie ist besiedelt, denn die Gobi ist nicht nur durchgehend von Sand und Geröll bestimmt: Da sind weite Steppenlandschaften mit großem Tierreichtum. Natürlich gibt es in der Gobi kaum je irgendwelche Kulturveranstaltungen, und wenn ein Festival wie Roaring Hooves den Nomaden der Gobi neue Töne aus aller Welt, aber auch traditionelle Töne mongolischer Musik bringt, ist es eine besondere Herausforderung für das Kulturmanagement, die weit verstreut lebenden Nomaden zu informieren. Die Mongolen lieben nicht nur die Musik und das Geschichtenerzählen, sie messen auch gerne ihre Kräfte und Geschicklichkeit in den drei traditionellen Sportarten Pferderennen, Bogenschießen und Ringkampf. Diesen Triathlon nennen sie Naadam.

Da es keine Medien wie Radio, Fernsehen, Zeitung, nicht einmal einen Baum für ein Poster gibt, bleibt nur die Mund-zu-Mund-Propaganda, und diese funktioniert garantiert, wenn ein Naadamfest angekündigt ist. Mongolen reiten von sehr weit her aus der letzten Bergfalte, um an einem angekündigten Naadam-Wettkampf teilzunehmen.

Als wir das Musikfestival planten, machten wir uns die Leidenschaft der Reitersleute für ihre traditionellen Sportarten zunutze und entschlossen uns, ein Naadam in das Festival zu integrieren. Es ist somit das einzige internationale Musikfestival, zu dem auch ca. 300 Reiter, 30 Ringkämpfer und diverse Bogenschützen gehören.

Rovshans Schulterwurf

Die kräftigsten mongolischen Ringkämpfer gewinnen regelmäßig die japanischen Sumokämpfe, sehr zum nicht öffentlich gezeigten Ärger der Japaner. Dabei haben die Ringer aus der Mongolei gegenüber den japanischen Kämpfern in der Tat Vorteile: Sie ernähren sich seit ihrer Jugend von dem, was die Steppe hergibt, und in Verbindung mit der harten Arbeit im Umgang mit ihren Tieren wachsen ihnen enorme Kräfte zu. Sie sind bereits durchtrainiert und reaktionsschnell, und wenn sie schließlich für einen Kampf in der Arena, dem Sumo-Kreis, stehen, fühlen sie sich wie zuhause, weil dieser den Durchmesser einer mongolischen Jurte hat.

Die Teilnehmer unseres Festivals besuchen zunächst das Naadam-Sportfest. Unsere Musiker füllen die Wettkampfpausen zwischen den Auszählungen mit vertrauten und unbekannten Klängen. Dann gehen alle zu unserem Konzert zwischen den Sanddünen. Wenn danach den kraftvollen Mongolen der Steppenstaub abgeklopft worden ist und die Sieger feststehen, lädt der Veranstalter lautstark unsere Gäste und Musiker auf den Kampfplatz ein, damit diese sich selbst in der Kampfeskunst erproben. Rovshan, der Handtrommler und Sänger aus Aserbaidschan, hatte sich mit professionellem Interesse den mongolischen Ringkämpfen gewidmet. Was niemand von uns wusste: Rovshan war nicht nur ein guter Musiker, sondern ein ehemaliger Profiringer aus Aserbaidschan, einem Musik- und Öl-Land und einer berühmten Ringernation, mit diversen Weltmeistertiteln und olympischen Medaillen. Er war von eher kleiner Gestalt, aber durchtrainiert, flink und mit allen

Hebelgriffen der Kunst des Ringkampfes vertraut und brannte darauf, endlich auch sein Talent als Ringer zeigen zu können. Jetzt ergab sich die Gelegenheit.

Dabei ist es keinesfalls als ein ernsthafter Wettkampf gedacht, sondern als eine Belustigung für die Teilnehmer und die lachenden Mongolen.

Einige Gäste hatten sich bereits fröhlich im Sand gewälzt, und man wartete auf weitere Anmeldungen. Doch Rovshan hatte keine Lust, fröhlich zu raufen, er meinte es ernst. Die zuvor kämpfenden Mongolen waren keine durchtrainierten Ringkämpfer, sondern überwiegend Amateure, die mit Feuer und Leidenschaft gewinnen wollten. Als ehemaliger Profi entdeckte Rovshan natürlich sofort deren technische Schwächen; er wollte seine Kunst vorführen und demonstrieren, über welche Kräfte er verfügte. Keiner der Gäste traute sich in den Ring. Er hatte inzwischen seinen Oberköper entblößt, und man sah, dass sein gedrungener Körper ein einziger Muskelstrang war, wie der einer Raubkatze, bereit zum Sprung. Murat, der deutsch-türkische Handtrommler, mit dem er die Jurte bewohnte, war gegen ihn ein Hüne, ein Riese, mindestens um die Hälfte größer und schwerer. Allerdings extrem sensibel, freundlich und völlig untrainiert. Der Große und der Kleine – unter großem Gejohle wurde Murat in die Arena gerufen: Muuurat, Muuurat.

Doch Murat weigerte sich. Und wieder: Muuurat, Muuurat! Jetzt beteiligte sich auch Rovshan an den Rufen, etwas Besseres, als diesen Hünen zu besiegen, konnte er sich nicht vorstellen. Murat gab schließlich nach und zog sich langsam sein Hemd aus. Die Menge grölte. Aber Murat ahnte bereits, dass er keine Chance hatte, er lief in die Sandarena und rief: »Wir kämpfen nur zum Spaß, nicht wahr?« Er ging sich schützend etwas in die Hocke, aber Rovshan hatte wohl nicht verstanden. Er wollte zeigen, was er gelernt hatte. Schnell wie ein tasmanischer Teufel wirbelte er um Murat herum, packte ihn und mit zwei, drei Griffen stemmte er den riesigen Gegner triumphierend hoch über seinem Kopf. In Aserbaidschan gibt es für solche Momente eine weiche Bodenmatte, auf die der Gegner geworfen wird. Rovshan wähnte sich wohl in Baku. Er schmetterte Murat zu Boden, und dieser krachte ungebremst auf den harten Sandboden. Zum Glück hatten wir eine kompetente Ärztin im Team und Murat musste mit einer Gehirnerschütterung die restliche Festivalzeit in seiner Jurte liegend verbringen, zusammen mit Elshin, Elshan und Rovshan, dem handtrommelnden Sänger und Ringkämpfer. Man erzählte sich, dass Rovshan sich in der Jurte entschuldigt habe.

Unser Publikum kommt auf Pferden oder Kamelen und lauscht Konzerten im Wüstensand. Unsere Bühne ist eine geeignete Sanddünenformation, die allerdings immer sorgfältig ausgewählt werden muss. In der Regel kommen viele hundert, manchmal bis zu tausend Nomaden als Zuhörer, es waren sogar schon 3.000 Hörer – mehr, als man jemals in den internationalen Musikmetropolen der Welt hatte. Weder in London, Paris, Berlin oder Tokyo wird man je ein so großes Auditorium für die Musik unserer Zeit gewinnen können – einzig in der Wüste Gobi. Sie kommen auf ihren Pferden, messen ihre Kraft und Geschicklichkeit beim Naadam und hören sich anschließend zeitgenössische Musik aus aller Welt an. »Was denkst du über die Musik, die du eben gehört hast?«, fragte ich einen Nomaden hoch zu Ross nach der Aufführung eines Schlagzeug-Solos des Komponisten Xenakis. Der Reitersmann dachte etwas nach und gab die weise Antwort: »Es klingt wie eine seltsame Musik eines Volkes, das ich nicht kenne, aber gerne einmal kennen lernen möchte«. Was für eine bemerkenswerte Reflexion in der Antwort. Er hatte alles verstanden.

Nomaden hören unvoreingenommen und sind nicht fixiert, wie in Konzertreihen bei uns: Ein Opernfreund interessiert sich in der Regel nicht für neue Musik, ein Freund alter Musik auch nicht.

Die Zahl der Zuhörer ist abhängig von der Witterung, die Nomaden ziehen je nach Wetterlage weiter. Vielleicht sind es dann nur 300 Menschen, die lauschen.

Wir haben auch manchmal nur für drei Mönche und die umliegenden Berge gespielt, im Norden für die Bäume und einen See. Das Kloster Erdene Khamba liegt am Ende eines Tales im Khukhen Khan-Gebirge. Neben den Ruinen eines vormals großen Klosters begann in drei kleinen Gebetshäusern ein zaghafter Neuanfang des Klosterlebens. Ein paradiesisch schöner Ort, auf einer Seite umgeben von hohen Bergen und einem großartigen Blick aus dem Tal hinaus in die weite Steppe. Rasch verteilen sich die Festivalmusiker im weiten Rund um den Klosterplatz, jeder Solist, jedes Ensemble an einem anderen Platz. Der prominente Sänger wächst über sich hinaus und füllt, angeregt durch diesen magischen Ort mit seinem mehrfachen Echo und der grandiosen Aussicht, das Tal mit seiner Stimme – man muss hier bis zum Himmel singen. Einige Bläser sind auf die Bergspitzen geklettert und beseelen das in seiner Geschichte mehrfach geschundene Kloster mit lang gehaltenen, individuell an- und abschwellenden Tönen eines Werks des Komponisten John Cage, ohne Rhythmus, nur Klang. Auch an diesem Ort antwortet die Natur, wie jedes Mal bei den Open Air-Konzerten: Nach dem Konzert für die Berge und die Gebetshäuser wurde der langersehnte Regen geschickt, der sich in Schnee, Graupel und Hagel wandelte und mitten im Sommer die endlose Steppe mit einem weißen Tuch bedeckte, mit prachtvollsten Regenbögen und einem wilden Wolkentanz. Unvergesslich die Sonnenaufgangskonzerte mit hundert traditionellen Sängerinnen auf einem Berg. Bewegend sind die Konzerte für den Khuvgul See im Norden, den die Mongolen respektvoll Meer nennen. Dem Wasser zugewandt spielen die Musiker für ihr Meer. Ich bat sie, ein Werk aus ihrem Repertoire zu wählen, das zu diesem Ort passt. Ein Violinsolo von Gluck verschmolz mit der ruhig daliegenden Wasseroberfläche, beim Triller kräuselt sich das Wasser und beim Einsatz der Oboe fliegt eine Entenschar im rechten Moment vorbei. Die Sonne bricht durch die Wolken zum Klang des Klaviers. Beim Baumkonzert suchten wir im dichten Wald im Norden den größten Stamm, einen, der alle Stürme und Waldbrände überlebt hat. Ihm zu Ehren sang man, musizierte und tanzte. Diese Konzerte im Dialog mit der Natur sind die schönsten Konzerterlebnisse, die sich träumen lassen.

Die Teilnehmer des Festivals nächtigen in Jurten, und Musiker und Studenten aus Ulan Bator werden zu einer Gobi-Sommer-Akademie eingeladen, bei Meisterkursen der ausländischen Musiker zu hospitieren. Das Festival beginnt in Ulan Bator mit einem Eröffnungskonzert, anschließend reisen die Teilnehmer in die Gobi zu einem intensiven Fest der Sinne. Arte TV nannte es »das schönste Kulturereignis, das sich denken lässt« und das Geo-Magazin setzte es auf die Liste der unglaublichsten Reisen der Welt, auf gleicher Augenhöhe mit einem Tauchgang zur versunkenen Titanic oder mit einem Besuch des Dalai Lama in seinem indischen Exil – oder mit einem Klavier für Stockhausen durch die Wüste Gobi. Wahrlich ein Ritterschlag. Man bricht zu nächtlichen Konzerten und Konzerten am Tage auf, zu Meisterkursen, Vorträgen und Konferenzen, Wüsten- und Klosterkonzerten, zu Konzerten für Schamanen und für die Berge.

Eine Anfrage einer sehr berühmten Pop-Band aus den USA erreichte uns: ob sie sich an einem Wüstenkonzert in der Gobi beteiligen könnten. Wir diskutierten lange und stellten uns vor, wie diese möglicherweise mit zwei oder drei Flugzeugen anreisen würde, um mit riesigen Lautsprechertürmen flächendeckend die Gobi zu beschallen, wir dachten an die vielen Generatoren für die Elektrizität, an das Catering, die vielen Techniker und die vielen tausend Pop-Fans, die man aus Ulan Bator anreisen lassen müsste. Es hätte dem Festival sicher viel Geld gebracht, aber es wäre etwas völlig anderes geworden, als wir im Sinn gehabt hätten, und am Ende fiel es uns nicht schwer, abzusagen. Stattdessen spielten jedes Jahr im Juni mongolische und ausländische Musiker für Nomaden, Klöster und Schamanen, die Berge, Bäume, die Schluchten und den Gletscher im Süden und den See im Norden.

Gitarrenstück aus Baku

Zu den besonders schönen Momenten des Festivals gehören die abendlichen Konzerte, bei kühler Witterung im Inneren einer übergroßen Filzjurte, die auch für die gemeinsamen Mahlzeiten genutzt wird, an sommerlich milden Abenden draußen vor der eindrucksvollen Kulisse der ewig weiten Steppe und den fernen Bergen.

Nicht jede Musik verträgt diese Weite und diese majestätische Stille. Einige Werke lassen sich nur innen und in größerer Nähe aufführen, man spricht zwar von Kammermusik, meint aber meist ein Konzert in einem Saal, und doch gibt es sie: die Kammermusik, für eine Kammer oder besser: ein Zimmer – also Zimmermusik, für private, privateste Musik, nur für sich und ein paar Freunde – etwa wie einige Werke des Komponisten Franz Schubert. Und es gibt Musikwerke, die scheint ein Komponist nur für sich selbst oder nur einen Musiker komponiert zu haben. Keine Zimmermusik, sondern Musik auf der Bettkante. Sie schaffen eine derart intime Nähe, dass man meint, als Zuhörer indiskret zu stören.

Rovshan Mamedov brachte ein solches Stück aus seiner Heimatstadt Baku mit. Alle hatten noch von vorherigen Konzerten die hellfreudig rufenden Jauchzer des traditionellen Sängers Rakif Ismailov aus Aserbaidschan im Ohr, der mit kraftvollem Spiel auf seiner Saz, einem mehrsaitigen Lauteninstrument, die prallen Gluckser und Sprechgesänge seiner Melodieketten begleitete. Man wartete auf neue, starke musikalische Horizonte aus Baku.

In den ersten Jahren gelang es mit Hilfe einer großzügigen Kulturstiftung, auch Teilnehmer aus zentralasiatischen Ländern und aus dem Kaukasus einzuladen, unter anderem auch Musiker aus Aserbaidschan, von ihren Nachbarn Azeris genannt. Sie trugen entscheidend dazu bei, die Vielfarbigkeit des Festivals und den Erfahrungshorizont der Organisatoren deutlich zu vergrößern: von Klängen im feinsten, kaum hörbaren Pianissimo einer sanft gedrückten Gitarrensaite, bis zur brutalen Aktion einer Schafschlachtung mit dem Messer und der anschließenden Fleischzerlegung mit einem Hammer.

Baku, die Hauptstadt Aserbaidschans, war eine der kulturellen Metropolen der untergegangenen Sowjetunion, mit einem pulsierendem Kulturleben, an der Schnittstelle auf der Seidenstraße zwischen arabischen, europäischen und asiatischen Einflüssen, zwischen dem Iran, der Türkei, Russland und Armenien, dem heute verfeindetem Nachbarland. Beide Länder verbindet der Besitz der ältesten Kirchen der Christenheit, aus dem ersten Jahrhundert, gegründet von den Aposteln Bartholomäus und Judas Thaddäus. Es trennt sie der Streit um Bergkarabach, der zu Beginn des 19. Jahrhunderts durch eine große Zuwanderung von in Russland und Persien lebenden Armeniern begann. Anfang des 20. Jahrhundert führte im Osmanischen Reich der Völkermord an den Armeniern zu einer erneuten Flüchtlingswelle und verschärfte die Auseinandersetzung. Aserbaidschan ist das Land der brennenden Felsen, an einigen Stellen tritt brennendes Gas ohne zu starken Druck aus den Felsen und die orange gelben Flammen bilden im Wind ein friedliches anmutendes Feuerballett. Einem von mir eingerichteten Musikfestival in Baku gab ich den Titel Caspian Fire. Es ist das Land des Erdgases, der Ölquellen – und des kaspischen

Kaviars. Teuer wie ein kleines Auto bei uns, bekam man, wenn man sich auskannte, noch vor Jahren ein großes Glas mit köstlichem Beluga für ein paar Dollar, um mit Freunden auf dekadente Weise große Löffel Kaviar, Blinje und Schampus speisen zu können. Kenner dieser Stadt meinen, dass seit dem Konflikt mit Armenien und der Auswanderung fast aller Armenier das Kulturleben von Baku nicht annähernd die Qualität wie vorher habe. Ich finde es beeindruckend genug.

Die Künstler und Kulturmanager der Szene sind hochgebildet, mehrsprachig und haben keinen Nachholbedarf an Information über die aktuellen Strömungen in der zeitgenössischen Kunst anderer Länder. Die ästhetischen Unterschiede beispielsweise zwischen einem Morton Feldman und John Cage sind hinreichend am Konservatorium bekannt. Aufführungen mit zeitgenössischer Musik sind spärlich, aber sie finden statt. Baku hat mit dem Ensemble SoNoR eines der profiliertesten Ensembles für die zeitgenössische Musik in Osteuropa; dazu gibt es eine lebendige Jazzszene, die auch international zur Kenntnis genommen wird. Auf eine sehr eigene Weise wirkt man kosmopolitisch, gleichzeitig pflegt man sorgfältig das Erbe der eigenen traditionellen Musik, deren Ausdrucksweite dem Lebensgefühl der Azeris entspricht.

Das Publikum sitzt in der Jurte um den Musiker herum und starrt erwartungsfroh auf den schmächtigen Rovshan, der seine Gitarre stimmt, in Ruhe seine Position auf dem Stuhl sucht, der Blick gleitet nochmals über das Notenpapier auf dem Pult vor ihm; der Größe des Papieres nach ein großes und langes Stück. Es trägt den deutschen Titel: Schönheit, eine Utopie? Man ist kosmopolitisch in Baku, und der Komponist Kharaef schreibt die Titel auf Französisch, Englisch, Deutsch. Rovshan kontrolliert nochmals die Saitenspannung und deren Tonreinheit, es wird leise, sehr leise und – nichts. Das Stück beginnt, Rovshan drückt die Finger der linken Hand sanft auf eine Saite – viel leiser, als seine Kontrolltupfer beim Einstimmen der Saiten zuvor, die rechte Hand bewegt sich dabei in gitarristischer Spielmanier, doch: … nichts – nicht ein Ton! Nur eine Geste. Doch da, endlich, ein ganz leiser Ton, fast nicht hörbar, möglicherweise nur für junge Katzen, Hunde oder Fledermäuse komponiert? Die Lagenwechsel der Gitarre sind immer eine Herausforderung an den Spieler, man verzeiht den einen oder anderen Schlenzer, wenn das Ohr mit einer klaren Harmonie, etwa mit a-moll beglückt wird, doch hier? Nochmals ein zartester Versuch, ein technisch bedingter Lagenwechsel, eindeutig lauter als die komponierte Musik – eine Negativmusik, wo die Begrenzungen wichtiger werden als der Inhalt? So nach und nach fängt man an, des Rätsels Spur zu verfolgen.

Nach dem Jurtenkonzert setzten sich alle nochmals beim Bier zusammen, der Gitarrist aus Baku war schon in seine Jurte zum Schlafen gegangen, und man war ratlos über dieses seltsam leise Stück. Plötzlich kam mir ein Gedanke, den ich sofort in die Diskussion einbrachte: Das Geheimnis muss in der Fragestellung des Titels und der komponierten Antwort liegen: Schönheit, eine Utopie, Fragezeichen. Die komponierte Antwort des Komponisten lautet: Nein, keine Utopie, sondern ich habe die Schönheit geschaut. Doch was kann er wohl geschaut haben? Ich äußerte meine Vermutung, die allerdings nichts als eine Vermutung war: Der Komponist Karaef wird ein Mann so um die 50 sein, der eine junge Freundin hat, möglicherweise eine attraktive Studentin, deren Anmut er sehr verehrt. Karaef ist verzaubert von ihr, von dem Charme ihrer Jugend, wie sie sich bewegt, wie sie ihm den Tee reicht und wie sie schläft, und jetzt schaut er ihr zu, wie sie nachmittags auf der Couch ihr Mittagsschläfchen hält, die Sonnenstrahlen tanzen in ihrem blonden Haar und auf ihrem schlanken Körper. Er kann sich nicht satt sehen an diesem Wunderwerk der Natur und traut sich nicht, sie auch nur zu berühren und im Schlaf zu stören. Und jetzt kommt das zart getupfte Gitarrenstück ins Spiel, es übernimmt seine Berührungssehnsüchte, nur leise und körperlos, unendlich vorsichtig tupft der Gitarrenklang hier die Brauen seiner Geliebten, dort eine Haarspitze, berührt wie ein Windhauch den Körper im Sonnenlicht auf seiner Couch. Nur eine zärtlich betupfte Gitarre kann diesen Moment der Entdeckungen, den erfüllten Augenblick der Entzückung wiedergeben. Das ist die Antwort des Komponisten auf die Frage des Titels »Schönheit, eine Utopie?«: Jawohl, die Schönheit existiert, ich habe sie erlebt.

Möglicherweise ist es ein komponiertes Gegenstück zu Courbets Bild »Der Ursprung der Welt«. Hier hat der Komponist Karaef die Schönheit für sich entdeckt. Die übrigen Teilnehmer der späten Diskussionsrunde standen meiner zugegeben sehr subjektiven Deutung eher skeptisch gegenüber – zu spekulativ. Ich war mir meiner Sache sicher und schlug eine Wette vor, der Einsatz sollte eine Dose Bier pro Person sein. Es wurde beschlossen, den Gitarristen am nächsten Morgen zu fragen, ob meine Theorie stimmte oder nicht: Komponist um die 50 mit einer jungen schönen Freundin.

Wir Wettbrüder saßen am Frühstückstisch bereits wieder zusammen und sahen dem Gitarristen erwartungsfroh entgegen. Ich bat ihn an unseren Tisch: der Komponist sei etwa 50 Jahre alt, stimmt, auch die Frage nach der jungen Freundin wurde bestätigt. Sie sei eine wunderschöne, ehemalige Studentin und das Stück sei ihr gewidmet. Anerkennendes Kopfnicken am Tisch. Gelassen triumphierend nahm ich die gewonnenen Bierdosen entgegen.

Es reist auch immer ein Klavier durch die Wüste, schließlich kommen auch Pianisten zum Festival, ein Klavier, das von einem Klaviergeschäft in Freiburg gespendet wurde. Zuerst ging es in einer Holzkiste nach Berlin, dann mit Mongolian Airlines in die Mongolei. Ich bat bei dieser Reise alle Teilnehmer auf fünf Kilo ihres Gepäcks zu verzichten, die mit dem Gewicht des Klaviers verrechnet wurden, um bei den Transportkosten zu sparen. Nach der Ankunft in Ulan Bator wurde es in weiche Decken gehüllt und mit einem LKW stundenlang über Schlaglöcher in die Wüste Gobi transportiert und auf Sanddünen aufgestellt. Erstaunlicherweise war nicht eine Saite verstimmt.

Elchin und das Zimmermädchen

Roaring Hooves bietet Musikern verschiedenster Kulturkreise eine Plattform, sich über musikalische Ausdrucksformen auszutauschen und bislang unbekannte Musizierformen kennenzulernen. Im persönlichen interkulturellen Dialog sind gelegentliche Missverständnisse nicht ausgeschlossen. Murat ist ein deutsch-türkischer Handtrommler, ein sensibler Musiker und ein höflicher Mensch. Türkisch und Aserbaidschanisch sind verwandte Sprachen, und so bot Murat an, sich mit den drei Azeris Elchin, Rovshan und Elshan beim Roaring Hooves Camp eine Jurte zu teilen, um hier und da dolmetschend zu helfen.

Murats Angebot wurde sogleich am ersten Tag in Anspruch genommen. Ein junges mongolisches Zimmermädchen klopfte sachte an die Tür und betrat scheu am frühen Morgen die Jurte, um ein Feuer im Ofen zu entzünden. Sie war es zwar gewohnt, in eine Männerjurte zu gehen, aber unangenehm war es ihr doch, vor halbnackten Männern ihre Arbeit zu machen. Sie verhielt sich diskret und geräuschlos. Murat und Elchin lagen um diese Zeit noch im Bett, doch Elchin, der Tarvirtuose aus Baku, groß von Gestalt, mit buschigen schwarzen Augenbrauen über schwarz funkelnden Augen, war augenblicklich hellwach und hingerissen von der mongolischen Schönheit und konnte kein Auge mehr von ihr lassen. Aserbaidschan war Teil der Sowjetunion, die über viele Jahre ein wichtiger Partner für den Aufbau der Mongolei war. Einige russische Helfer meinten damals, ein Anrecht auf schöne mongolische Mädchen zu haben. Elchin war zwar kein Russe, aber er hatte vor seiner Reise viel von Russen über die Mongolei gehört. »Murat, bitte, Du musst übersetzen. Sage dem Zimmermädchen, dass ich sie schön finde und unbedingt lieben möchte«, flüsterte er. Was für eine delikate Aufgabe für einen Übersetzer. Elchin ließ das schöne Mädchen nicht aus den Augen und richtete sich auf. Doch Murat lehnte ab und murmelte halb schlafend, dass er sich nicht in das Liebesleben anderer einmischen möchte. Elchin gab nicht auf, denn er hatte Feuer gefangen und stand auf kraftvollen, schwarzbehaarten Beinen, in kurzer Pyjamahose neben seinem Bett: »Bitte Murat, du musst mir helfen, es ist wichtig für mich«. Er tuschelte weiter mit Murat, während das Zimmermädchen Holz und Papier für das Feuer richtete. Schließlich sprach Murat widerwillig die Mongolin auf Englisch an. Sie verstand kein Englisch und bemerkte nicht, dass sie gemeint war. Murat war die Sache offensichtlich unangenehm, aber Elchin stupfte ihn, es nochmals zu versuchen: »This Gentleman likes you and he likes to meet you alone«. Das Feuer im Ofen brannte, im Nu breitete sich wohlige Wärme in der Jurte aus, und das Mädchen nickte zufrieden und selbstvergessen dem munter prasselnden Feuer zu. Elchin hatte das zufriedene Kopfnicken als Signal ganz anders gedeutet und ging erwartungsfroh auf das vor dem Ofen hockende Mädchen zu. Doch es achtete nicht auf ihn, schloss die Ofenklappe und ging still hinaus. Elchin war überrascht, hatte er doch anderes erhofft. Er beschwor Murat, dass er deutlich gesehen habe, dass sie einverstanden gewesen sei. Sie würde schon wiederkommen. Gegen Abend kehrte sie in der Tat zurück, um das Feuer für die Nacht zu richten. Der Zufall wollte es, dass Elchin nun allein in der Jurte war, als das Mädchen eintrat. »Komm, mein Augenstern, komm zu mir, was brauchen wir Feuer im Ofen, wenn unsere Herzen erglühen«. Damit näherte er sich dem vor dem Ofen hockenden Mädchen, das ganz vertieft in die Aufgabe des Feuermachens war. Sie verstand nichts, fühlte sich nicht angesprochen und widmete sich dem Holz für den Ofen. Abrupt wurde sie aus ihrer Versunkenheit herausgerissen, als Elchin sie kraftvoll von hinten ergriffen und zu sich gezogen hatte. Er meinte, sie habe ihn doch erhört. Er versuchte sie zu küssen, sie hingegen war schockiert, riss sich los und rannte um Hilfe schreiend aus der Jurte. Sowohl Elchin als auch die Mongolin waren verstört. Etwas später kam Murat und erklärte ihm, dass er sich auf alle Fälle entschuldigen müsse.

Doch Elchin probierte seine Eroberungskünste erneut am nächsten Tag, und zwar dieses Mal bei der Verkäuferin im Souvenirshop. Wieder bat er Murat, der zufällig den Laden betrat: »Murat, bitte, du musst übersetzen. Sag der schönen Verkäuferin, dass ich sie hübsch finde und unbedingt lieben möchte«. Es sollte noch Tage dauern, bis er sich endlich auf Russisch einer kirgisischen Sängerin des Festivals offenbaren konnte, mit Erfolg.

*

Das Publikum des Festivals verändert seine Hörgewohnheiten und lauscht der zeitgenössisch komponierten Musik aus dem Westen wie einer Volkmusik und umgekehrt: Die Stimme des Obertonsängers, die durch eine besondere Stimmtechnik gefiltert wird, erkennt man als Vorfahr unserer elektronischen Musik. Es gibt beim Hören in dieser Umgebung eine gemeinsame Schnittmenge von komponierter und tradierter Musik. Die Landschaft inspiriert die teilnehmenden Musiker, selbst die schönsten Plätze auf den Bergen zu finden, um ein Tal mit Klängen zu beseelen. Ein litauischer Saxophonist spielte in einer Gletscherspalte und brachte das Eis zum Klingen. Am Himmel ziehen fünf neugierige Adler ihre Kreise, dort spielen Musiker, in der

Nähe grasen 300 Pferde, einen Gebirgszug ahnt man in der Ferne. Kein Aufnahmegerät, keine teure Kamera können eine angemessene Reproduktion garantieren. Roaring Hooves ist als Gesamtkunstwerk nur vor Ort zu erleben und nicht reproduzierbar.

Food Evening

Jeder Teilnehmer wird gebeten, etwas zu essen, zu trinken oder ein Rezept aus seiner Heimat mitzubringen. An einem Food Evening erklärt man die Speise oder das Getränk und trägt etwas in der Landessprache vor, ein Gedicht, eine kleine Erzählung oder ein Lied auf Japanisch oder Französisch, auf Lettisch oder Norwegisch, Chinesisch oder Deutsch. Am Festival nahmen über die Jahre insgesamt Teilnehmer aus 30 Ländern teil. Die Speisen reichen entsprechend vom vakuumverpackten, norwegischen Elch und Lachs bis zu deutschen Bratkartoffeln oder Basler Leckerli, von französischen Oliven zur japanischen Misu Suppe und amerikanischem Popcorn. Es gibt Nudelgerichte, Suppen, Schwarzwälder Schinken, Haribo-Gummibärchen, Schnaps und Wein, Kuchen, geräucherte Wurst, belgische Pommes, mexikanische Fladen. Es ist nicht nur ein großes Geschmackserlebnis, sondern wir erfahren bei Roaring Hooves die kulturellen Gemeinsamkeiten und Unterschiede mit allen Sinnen: Wir hören, sehen, riechen, schmecken und tasten das Eigene, das Fremde. Ein Food Evening ist immer ein Fest für die Sinne …

Schafschlachtung

Unsere Freunde aus Baku hatten ein köstliches Rezept für ein Barbecue mitgebracht. Lachend kamen sie mir entgegen: Rovshan, der handtrommelnde Sänger und Ringkämpfer, der schlaue Elshan, der als guter Geiger zur traditionellen Kamancha wechselte und diese virtuos beherrscht, und Elchin, der Tarvirtuose, der sich in die kirgisische Sängerin, die Souvenirverkäuferin und das Stubenmädchen verliebt hatte. Sie hatten soeben ein Schaf gekauft und es sofort nach ihrer

Art geschlachtet, aber nicht nach Mongolenart sanft und mit ritueller Ruhe. Kein Tropfen Blut darf die Erde verunreinigen. Man schnitt dem Schaf die Kehle durch – »Armes Tier«, sagten die Mongolen. Die drei Männer trugen das zerlegte Tier in einem blutdurchtränkten Bettlaken und dem Schafskopf on top ins Camp, um ein Barbecue vorzubereiten. Blut tropfte aus dem Bettlaken und hinterließ seine Spur auf dem Weg. In Ermangelung eines geeigneten Messers nahm man einen Hammer, ging in die Jurte und schlug so lange auf die großen Fleischstücke ein, bis sie die rechte Größe für den Spieß hatten. Die Jurte war blutverschmiert, und Murat, der sensible Besiegte und Vegetarier mit Gehirnerschütterung, litt. Es roch nach frischem Blut. Später beschrieb er ausführlich die Duftpalette seiner Jurte. Die gegrillten Fleischspieße schmeckten hingegen lecker.

Tanz auf der Straße

Die Teilnehmer aus den verfeindeten Ländern Armenien und Aserbaidschan befanden sich während des Festivals auf Distanz zueinander, fuhren nie miteinander im gleichen Bus, saßen nie am gleichen Tisch. Beide Gruppen warteten jetzt schon zwei Tage auf ihren Flug nach Moskau; es war der letzte Abend in Ulan Bator und die Direktorin des Festivals lud zu einem finalen Dinner. Ein Restaurant empfing uns als geschlossene Gesellschaft, der Tisch war festlich gedeckt, die Getränke gewählt, die Vorspeisen standen bereits zwischen den schönen Tischdekorationen. Immer wieder war zu hören, dass Besucher und Instrukteure aus Russland die so genannten Bruderstaaten als Kolonie betrachteten und entsprechend auftraten. Die Mongolei hat Russland einiges zu verdanken, aber man akzeptierte schon längst nicht mehr seine vormals aufreizende Arroganz. Aserbaidschaner und Armenier trugen die Nase nicht ganz so hoch wie die Russen, aber hoch genug, um zu zeigen, dass man einst zu einem Weltreich gehörte.

Das Essen war inzwischen aufgetischt, Getränke eingeschenkt, nur die Freunde aus Armenien und Aserbaidschan waren unaufmerksam und hatten offenbar Wichtiges zu tun, sie mussten noch draußen rauchen oder die Reise besprechen. Sie hatten die Gastfreundschaft missachtet. Die Direktorin hatte sich extra heraus geputzt, mit einem wunderbaren, gold schimmernden Kleid, ihre hochgesteckte Frisur hatte sie sich aufwendig richten lassen. Sie saß lange am Tisch allein, war zunehmend verärgert über die Nachlässigkeit der eingeladenen Gäste. Nach einer unhöflich langen Wartezeit beschwerte sie sich erbost und lautstark über die grobe Missachtung mongolischer Gastfreundschaft und verließ türenschlagend das Lokal. Der Zorn musste erst einmal abgelaufen werden. Betretenes Schweigen einte mit einem Mal die bislang sehr distanzierten Armenier und Aserbaidschaner. Man war erschrocken über die eigene unsensible Haltung und die Reaktion der zu Recht verärgerten Gastgeberin. Zum ersten Mal musste man jetzt am letzten Abend wirklich zu einer überzeugenden Gemeinsamkeit kommen. Wir alle berieten, wie sie zu besänftigen und zur Rückkehr zu bewegen sei. Sie sollte musizierend beschwichtigt, und tanzend zurück ins Restaurant gelockt werden. So gingen sie mit fröhlich heiterer Musik aus Armenien und Aserbaidschan auf die Straßen Ulan Bators. Es war bereits dunkel und alles regennass. Mit kaukasischen Klängen umrundete eine muntere Schar Musikanten die Pfützen und suchte spielend die Aufmerksamkeit der Frau auf der anderen Straßenseite. Menschen gingen vorbei, einige blieben stehen und schauten diesem Schauspiel zu. Diesem überraschenden und wunderbaren Augenblick konnte auch die Direktorin nicht widerstehen, der Groll war schlagartig verflogen, und sie tanzte sich ausgelassen und dankbar wieder zurück in die Gaststube. Mit gemeinsamen Liedern aus Aserbaidschan und Armenien ging es in eine Nacht, die sich in die Herzen der Teilnehmer einnistete.

Alle meine Pferde, alle meine Bilder

Jedes Jahr erhielt ich als Dank von den Nomaden Tiere geschenkt. Inzwischen sind es Rennpferde, ein schwarzer Ochse, ein wunderschönes Kamel mit langen Wimpern, ein kraftvolles Rentier, Schafe, Ziegen, mehrere junge Fohlen. Natürlich wären diese Tiere bei mir zuhause nicht glücklich, und so bat ich die Nomaden, sich um die Tiere weiterhin zu kümmern. Aber sie drängten mich, ihnen wenigstens einen Namen zu geben: Ein kräftiges und erfolgreiches Rennpferd nannte ich Edgar, nach Edgar Varese, dem Komponisten kraftvoller neuer Musik, drei andere hießen der Reihe nach Wolfgang, Amadeus und Mozart.

Beim ersten Festival schenkte man mir ein Päckchen mit etwa 100 Visitenkarten, die auf der einen Seite meinen Namen trugen und auf der anderen jeweils ein winziges Aquarell, eine kleine Gemäldegalerie für die Westentasche mit 100 Bildern, gewissermaßen ein typisches Beispiel für die notwendige Transportbeweglichkeit der Nomaden. Ein junger Künstler hat sie mit einer Lupe gefertigt, in tage- und nächtelanger Arbeit über mehrere Wochen. Ein absolut einmaliges, ein königliches Geschenk, an dem nicht nur ich Freude habe, sondern auch all diejenigen, an die ich die Bilder weiterreichen konnte. Ein Geschenk durchaus mit Hintersinn: Eine Visitenkarte kann man verlegen, ein Gemälde nicht. Ich schlug dem Künstler vor, einen weiteren Zyklus für Ausstellungen in Europa zu malen. Ein Jahr später hat er mir eine neue Sammlung übergeben: Feine Miniaturen mit Szenen aus dem Nomadenalltag, hervorragende Aquarellarbeiten, die eine Horizontlinie verbindet und den Betrachter in die Miniatur hineinzieht.

Vom Klang der Hingabe

Ich nächtigte als Gast in der Jurte einer Nomadenfamilie in der Südgobi, nicht sehr weit von der chinesischen Grenze. Es war bereits März, die Zeit der Lämmer und Zicklein; jeden Tag vergrößerte sich die Herde, und mit Sorgfalt widmete man sich dem Überleben der Jungtiere bei Temperaturen um -25°C. Eines Morgens werde ich von einer wunderschönen Gesangsmelodie geweckt, die von außen durch die Filzdecken der Jurte dringt. Schlaftrunken schaue ich hinaus, um die Herkunft des Gesangs zu entdecken – klirrende Kälte, der Himmel leuchtend blau, ewige Weite, in der Ferne ein paar Berge, einfache, harte und klare Botschaften. Die Nomadenfrau sitzt bei einer Ziegenmutter, die ihr neugeborenes Zicklein nicht annehmen wollte. Sie hält das Ziegenbaby in einem Arm, mit dem anderen umschlingt sie den Hals der Ziegenmutter und singt leise auf sie ein mit einer zärtlichen

Melodie, die mit ihrer Wärme des Ausdrucks so gar nicht an diesen scheinbar unwirtlichen Ort zu passen scheint. Ich bin Zeuge eines »Tööktöök«, einer Gesangszeremonie der Nomaden für ein Muttertier, um es zu beruhigen und zu ermutigen, das Neugeborene anzunehmen und zu säugen. Mit einer Melodie von betörender Schlichtheit und Schönheit, ohne rhythmische Impulse, scheinbar ohne Kontur, mit einem Bogen, so lang wie der Atem reicht. Die Melodie wird eins mit dem Blau des Himmels, der ewigen Weite der Gobi. Der Begriff »Musik« scheint zu eng zu sein für diesen Augenblick – Singen für ein Tier mit größter Hingabe und Intensität; ein Zwiegespräch zwischen den Gefühlswelten von Mensch und Tier, das in diesen extremen Lebensbedingungen für beide zum Überleben gehört. Bald waren die beiden Tiere beruhigt und trotteten friedlich zusammen zur Herde. Musik als Überlebenskonzept.

Vom Bild einer nackten Frau in der Wüste

Sie war eine schöne Mongolin, Mitte dreißig, selbstbewusst, beruflich erfolgreich, von Männern begehrt. Sie lebte mit ihrer etwas jüngeren Schwester im Zentrum Ulan Bators. Beide waren sehr vertraut miteinander, sowohl Schwestern als auch beste Freundinnen. Beim Waschen, Duschen, Schminken und den kontrollierenden Blicken in den Spiegel entdeckten sie gegenseitig ihrer beider Schönheit täglich neu. Die goldseiden schimmernden Körper waren makellos und falls sich doch an verborgenem Ort ein Leberfleck befand, wurde dieser sogleich kichernd kommentiert. Sie genossen den Anblick ihrer samtenen Körperlandschaften und wachten sorgfältig darüber, dass Unreinheiten keine Chance erhielten. Eines Tages fand die jüngere Schwester zwischen den duftenden schwarzen langen Haaren der älteren ein einzelnes graues Haar. Das erste. Zart, klein und unscheinbar wuchs es in der prachtvollen Fülle des dunklen mongolischen Haarschopfes und rief doch ein angstvolles Erstaunen hervor. Rasch wurde es ausgerupft und nachdenklich wie ein fremdes Insekt betrachtet. Die Blicke bei der gemeinsamen Morgentoilette in den darauf folgenden Tagen waren etwas kritischer, aber weiterhin bestätigten sich beide der jugendlichen, faltenfreien Frische ihrer begehrenswerten Körper. Sie reckten und streckten sich vor dem Spiegel, während sie sich gegenseitig mit Genuss und Sorgfalt und einer viel zu teuren Duftcreme gegenseitig ihre Rücken einrieben. Bald darauf fand sich nach sorgfältiger Suche ein zweites und ein drittes graues Haar, und es begannen längere Gespräche über die Endlichkeit jugendlicher Schönheit. Natürlich kannten sie von ihrer Mutter die Anmut des Alters, sie kannten die Gesichtslandschaften mit tiefen und zarten Falten, deren Augen wissend leuchten und in denen die Weisheit eines langen Lebens zu lesen ist. Doch was ist die Schönheit der Weisheit gegen die verführerische der Jugend, deren porzellanzarte Zerbrechlichkeit, die den Wunsch nach einer Berührung und auch Beschützerinstinkte weckt. Die ältere Schwester fühlte sich von den vereinzelten grauen Haaren nicht wirklich bedroht, doch sie begann nachzudenken und beschloss, bestärkt durch die jüngere Schwester, die Schönheit ihres nackten Körpers von einem Künstler in Öl malen und für spätere Zeiten verewigen zu lassen, bevor die wohlgeformten Rubensrundungen eines Tages welken würden. Doch wen sollte man fragen? Sie kannten viele mongolische Künstler – man ist ein kleines Volk. Aber genau dies war das Problem: wenn man einen einheimischen Maler für diese delikate Aufgabe engagierte, konnte man sicher sein, dass bald das halbe Land darüber Bescheid wusste, denn die große Schwester war in wichtiger Position. Es musste ein Maler aus dem Ausland sein, ein Maler, den niemand in der Mongolei kannte, ein Maler, der kam, malte und wieder ging. Am besten ein Maler aus dem weit entfernten Europa.

Der Zufall führte mich zu den beiden Schwestern in ihre Wohnung in dem Moment, als deren Diskussion bei der Frage stockte, wem man als Maler diese in jeder Hinsicht heikle Aufgabe anvertrauen könne. Wichtig war die Frage nach einem diskreten, möglichst weit entfernt lebenden Maler. Es fiel mir ein deutscher Künstler ein, der sich in Südfrankreich niedergelassen hatte, gesegnet mit großer Kreativität und malerisch handwerklichem Geschick. Er war zu diesem Zeitpunkt bereits 75 Jahre alt, was allerdings nicht bedeutete, dass seine Bewunderung an schönen Frauen in irgendeiner Weise ermattet war. Eine geheimnisvolle Mischung aus künstlerischem Genie, väterlichem

Ratgeber und jungenhafter Schläue mit munterem Lockenkopf weckte bei vielen Frauen gleichermaßen Neugier und Schutzinstinkte, und auch im fortgeschrittenen Alter war ihm die Wirkung seiner Anziehungskraft bewusst. Ich war mir sicher, dass er diese Aufgabe sogar honorarfrei übernehmen würde, wies auf den Umstand seiner Mehrfachtalente hin, und nach kurzer Beratung kamen beide Schwestern überein, diesen deutsch-französischen Künstler unverfänglich zum nächsten Musikfestival einzuladen. Ich wurde gebeten, sofort Fotos von der nackten Schwester für den Maler zu machen, damit dieser sich bereits vorher auf seine Aufgabe vorbereiten könne. Es sollte ein großes Bild in Öl werden. Mindestens Lebensgröße, und ich erhielt die etwas überraschende Aufgabe, eine mongolische Schönheit in aller Pracht abzulichten. Wir berieten zu dritt Aufnahmepositionen, Lampen wurden verschoben, Aufnahmeorte bestimmt, vom Sofa und Sessel bis zur Kissenlandschaft, vom Halbdunkel hinterm Türrahmen bis zur Seitenansicht am Fensterrahmen, von hinten und vorn, nah und fern, Mongolinnen sind unkompliziert, und so entkleidete sich die größere ohne Umschweife und brachte sich gekonnt in Pose: mal kokett blickend »klick«, neutral blickend »klick«, verrucht blickend »klick«, auf dem Bauch liegend »klick«, Po nicht zu hoch »klick«, auf dem Rücken liegend und nachdenklich einen Finger an die Lippen führend »klick«. Alle Klischees der Bilder aus der Werbung wurden zitiert. Mit meinem Versprechen, diese Bilder niemandem außer dem Künstler aus Frankreich zu zeigen, wurde die Session beendet, das zukünftige Malermodell kleidete sich wieder an, ein Tupfen Makeup hier, etwas Lippenstift und Puder dort, schnell noch einen Tee gekocht und schon konnte über offiziellere Details gesprochen werden.

Der Sommer nahte und mit ihm das Musikfestival. Der deutsch-französische Künstler hatte nach sorgfältigem Studium der Fotos zugesagt und auch eingewilligt, dass Reise- und Aufenthaltskosten sozusagen sein Honorar waren. Bei der ersten Begegnung waren Künstler und Auftraggeberin voneinander beeindruckt, und man verabredete sich aus praktischen Erwägungen zum Modellsitzen während der Festivalzeit im Wüstensand der Gobi. Es sollte das Portrait einer Frau werden, die in einem für das Land typischen Umfeld mit einem Adler und einer Ziege und in langschäftigen Nomadenstiefeln dargestellt ist. So etwas entsteht anschließend im Atelier. Er brauchte jetzt nur Detailstudien.

Unser Maler ging mit seinem Modell für erste Skizzen hinter eine Wüstendüne, etwas abseits von unserem Jurtencamp, denn immer gab es Festivalteilnehmer, die auf eigene Faust die Gegend auskundschafteten. Die schöne Mongolin hatte sich bereits ohne viele Umschweife von ihrem leichten Sommerkleid befreit und präsentierte sich im hellen Sonnenlicht, selbstbewusst und stolz, wie der Herrgott sie erschaffen hatte. Der Maler war als Mann von Welt zwar viel gewohnt, doch überrascht von so viel Direktheit unter dem blauen Himmel und selbst etwas verschüchtert und nervös. Er begann zunächst mit kleinen Skizzen und musste dazu das Model hier und da etwas anders positionieren. Mal bitte einen Arm heben, mal hinsetzen in den Wüstensand, nein so, nicht so, etwas mehr drehen. Zart führte er sie mit seiner Hand in eine neue Position, gerne ließ sie sich lenken, und mit nervös flinken Fingern skizzierte er seine Notizen und musste immer wieder den schönen goldseidenen Körper berühren, um neue Stellungen einzufordern. Unser Künstler war die Nähe von Frauen gewohnt, doch waren diese vermutlich meist bekleidet. In dieser paradiesischen Abgeschiedenheit, allein mit einer schönen Nackten zu sein und sich nur auf die Zeichnungen professionell als Skizzen für ein lebensgroßes Ölgemälde konzentrieren zu dürfen, erforderte seine ganze Aufmerksamkeit. Die Distanz zu wahren war für ihn fast quälend. Irgendwie fühlte er sich der Situation nicht mehr gewachsen und empfahl dem Modell, sich einfach entspannt in den warmen Wüstensand zu legen, dann könne er einige Einzelstudien anfertigen. Der schönen Auftraggeberin war es recht, und sie rekelte sich in den warmen Wüstensand, ihr Körper wurde eins mit dem gleichfarbigen Sandmeer. Der Maler war verwirrt, die Konturen verschwammen. Welch ein Bild, welch ein Augenblick. Es gibt Momente, da wähnt man sich in einem Film, denn man traut der Realität keine derartige Provokation für die Sinne zu. Insbesondere, wenn das Malermodell inzwischen im warmen Wüstensand eingeschlafen war. Er näherte sich wie ein Forscher der schlummernden Frau und fertigte rasch und präzise mehrere Detailskizzen an. Ein Blatt nach dem anderen füllte sich. Fast war das Papier bereits mit sehr persönlichen Details verbraucht. Der Wind strich über samtgoldene Sand- und Körperlandschaften, eigentlich eine schöne Szene für einen Film, dachte der Maler, während er fasziniert ein funkelndes Goldkettchen an ihrem Fuß bemerkte. Dazu kannte sein Film den Effekt der Zeitlupe, die den Augenblick streckt und den Moment nicht nur in Sekunden und Minuten misst, sondern ihn zeitlos erleben lässt. Berauscht davon vergaß er für einen Augenblick seine akribisch nüchternen Skizzen und spürte eine Einheit mit sich und der Landschaft, den glatten, unberührten Sanddünen, den Körperlandschaften des Malermodells. Nie würde er je dieses Wunderwerk der Natur auch nur berühren können. Die wenigen Sekunden wandelten sich in erfüllte Augenblicke, und der Maler dankte dem Regisseur seines Films dafür, dass er diese Szene wie in einer verlangsamten Zeit hatte sehen können. Er sah sich satt. Ein Windhauch hob eine seiner Skizzen empor und trug sie fort. Der Maler wollte seinen Film nicht an die Realität verlieren und blieb leicht benommen von den vor ihm liegenden Sand-, Berg- und Tallandschaften. Ein nächster Windstoß fuhr in seine abgelegten Zeichnungen, wirbelte einige empor, eine landete sanft und zärtlich wie eine Feder taumelnd auf dem Bauch der Auftraggeberin. Wer weiß, was sie in diesem Augenblick träumte, sie lächelte im Schlaf. Der Maler erwachte aus seiner Lethargie und bemerkte die überall verstreut liegenden Skizzen. Er begann sich aufzurichten, um die Blätter seiner Kunst vom Körper seiner Auftraggeberin aufzulesen. Das Wetter kann in der Gobi schnell wechseln, die Winde frischen plötzlich auf und Windböen attackieren heftig selbst gut verankerte Jurten. Und der Film lief nicht mehr in Zeitlupe, sondern im Zeitraffer.

Eine kraftvolle Windböe entriss dem Maler seinen Zeichenblock und er nahm erst jetzt den sich rasch nähernden Sandsturm wahr, dessen dunkle Wolken er zuvor nicht bemerkt hatte. Der Wind nahm ständig zu und trug bereits Sand mit sich. Aufgerüttelt erwachte das Malermodell, erblickte die vielen Zeichnungen, die durch die Luft wirbelten und auf dem besten Wege waren, aus dem Dünental hinaus ins weite Land geweht zu werden. Sie war sofort hellwach und versuchte hektisch, die frei fliegenden Zeichnungen einzufangen, bevor sie ins Jurtencamp wehen konnten. Der Maler und sein Modell sprangen den Skizzen aufgeregt hinterher, erwischten hier eine, dort verpassten sie eine andere. Der plötzliche Sandsturm kannte keine Gnade, die

Skizzen flogen weit durch die Wüste, eine besonders starke Böe erfasste die abgelegten Kleidungsstücke und trug sie mit sich fort, an einen unbekannten Ort, irgendwohin in die Wüste. Einige Festivalteilnehmer hatten in dem Jurtencamp bereits Schutz gesucht, sonst hätten sie beobachten können, wie eine unbekleidete Mongolin und ein älterer Herr zwischen den Sanddünen umeinander rannten.

Der Sandsturm heulte auf, und der Wind peitschte Nadelstiche auf die Haut. Wo sollte man sich verstecken? In der Wüste gibt es keine Richtung, kein links oder rechts, es herrscht Wüste. Die Kleidung war tatsächlich verschwunden, viele Zeichnungen ebenfalls. Beide, Maler und Modell, suchten den Schutz in einer Mulde. Das Modell kauerte geängstigt, dicht gedrängt neben dem Maler, der sich diese Situation gerne unter anderen Umständen gewünscht hätte. Als Gentleman gab er ihr Hemd und Hose und half beim Ankleiden. Als der Sturm etwas nachgelassen hatte, brachen sie auf und erreichten ungesehen das Jurtencamp.

Nachtrag: auch nach intensiver Suche blieben die Zeichnungen unterm Wüstensand verschwunden.

Nachtrag 2: Es gab noch weitere, weniger aufregende Modellsitzungen, und das Ölgemälde wurde später im Atelier des Malers in Frankreich anhand der verbliebenen Skizzen in Lebensgröße angefertigt; es dauerte einige Wochen und wurde großartig: die schöne Mongolin in Nomadenstiefeln, mit Ziege und Adler. Um seine Frau nicht zu provozieren, drehte der Maler jeden Tag die Leinwand nach getaner Arbeit immer wieder um. Doch eines Tages schaute sie diese nach und entdeckte die schöne, exotische Frau und – hatte viele Fragen …

Nachtrag 3: Im darauf folgenden Jahr reiste der Maler wieder in die Mongolei, um die aufgerollte Leinwand zu übergeben. Die große Schwester nahm die Arbeit dankend entgegen, versteckte das aufgerollte Bild vor ihrem neuen und sehr eifersüchtigen Lebensgefährten. Eines Tage entdeckte auch dieser das Gemälde und – hatte viele Fragen …

Die Metamorphose des Malers

Unser Maler war ein vielseitig begabter Mensch: er konnte nicht nur wunderbar malen, sondern hatte ein sehr kluges Urteil über Kompositionen und Konzertaufführungen, obwohl er kaum eine Note lesen konnte. Aber er hatte eine sehr starke Affinität zum Klang der Musik, und es wird von seinen Kindern berichtet, dass er früher zur Weihnachtszeit eine Blockflöte hervorholte und mit wunderschönem Flötenklang die Weihnachtslieder begleitete. Auch legte er Wert darauf, dass sich die Familie zu Konzertübertragungen vor dem Grundig-Röhrenradio mit dem grünen Auge traf.

Sein Besuch in der Mongolei, die tägliche Begegnung mit vielen internationalen Musikern, mit denen er sich die Jurte teilte, inspirierte ihn zu kleinen grafischen Kompositionen. »Hier, schau mal, ich habe ein Stück für dich komponiert.« Mit diesen Worten übergab er einem der berühmtesten Trompeter aus Deutschland ein kleines Blatt mit einer grafischen Notation. Dieser nahm etwas überrascht die Komposition in die Hand, drehte sie hilflos suchend im Kreis, um einen Anfang zu entdecken, und meinte, dass die grafische Notation entfernt die Ähnlichkeit mit einer Ziege hätte. Nach kurzer Erläuterung durch den Urheber holte der Trompeter sein Instrument und probierte sogleich eine erste Fassung des Stücks. Anschließend nickte er anerkennend und meinte, dass es in der Tat sehr außergewöhnlich sei und er sich weiter damit beschäftigten werde; auch eine Aufführung beim nächsten Konzert im Wüstensand der Gobi stellte er in Aussicht.

Unser Maler fühlte sich als aufstrebender Neukomponist ermutigt und in der Folge malte er für jeden Festivalmusiker eine kleine Grafik. Zuerst aus freundschaftlicher Gefälligkeit, dann aus Neugier probierten die Musiker unter Anleitung des Maler-Komponisten dessen seltsame Mini-Bild-Kompositionen. Es folgten Ermutigungen, Vorschläge für genauere Notationen in gemütlichen, inspirierenden Jurtenrunden. Jeder Teilnehmer nahm seine kleine persönliche Komposition mit ins Heimatland, und ein Wunder geschah: Einige Musiker hatten in einem Solorezital in den Wochen nach dem Festival das Arrangement aufgeführt, und etwa sechs Wochen nach dem Festival erhielt unser Maler/Komponist Rückmeldungen von erfolgreichen Aufführrungen seiner Miniaturen aus New York, London, Stockholm, Tokyo und Beijing. Wovon manche Komponisten ein ganzes Leben träumen, erfüllte sich bei ihm in wenigen Wochen.

Daraufhin begann die Metamorphose des Malers: Er beschloss, ab sofort Komponist zu sein und begann mit großem Eifer Fachliteratur zu studieren und alle wesentlichen Kenntnisse über die Musik des 20. Jahrhunderts wie ein trockener Schwamm in sich aufzusaugen. Bereits nach wenigen Monaten konnte man sich mit ihm fachlich kompetent über das Früh- und das Alterswerk des Komponisten Luigi Nono austauschen, und es entstanden in einem Schaffensrausch neue Stücke in seltsamen Besetzungen: etwa ein Trio für Cello, Posaune und Tänzerin oder für kleines Ensemble und action painting. Noten konnte er immer noch nicht lesen, aber er entwickelte seine eigene Notenschrift: Die Tasten seines alten Klaviers wurden von 1 bis 88 durchnummeriert, und grafische Linien gaben dynamische und rhythmische Verläufe an. Musiker und Veranstalter wurden auf seine Kompositionen aufmerksam: Auf einem internationalen Festival hatte sein Melodram nach Texten von Michelangelo einen triumphalen Erfolg, seine Klavierkomposition wurde bei den Salzburger Festspielen aufgeführt, eine deutsche Musikhochschule lud ihn ein, in einem Seminar seine grafischen Notationskonzepte vorzustellen. In seinem letzten Lebensjahr entstand sogar eine kleine Oper. Es fügte sich, dass sämtliche Werke zu Lebzeiten aufgeführt wurden. Die Erlebnisse in der Mongolei hatten einen ungeahnten Kreativschub bewirkt: Er wandelte sich vom erfahrenen Maler zum Komponisten.

Wolfgang und der Maultrommler

Was für ein schönes Instrument ist das Fagott!

Prokofjew wies dem Fagott den Klang des Großvaters in Peter und der Wolf und damit seine berühmte Rolle zu: Welches Instrument könnte besser die gemütliche Behäbigkeit des grantelnden Großvaters wiedergeben? Aber es ist eben nur eine Ausdrucksfacette. Wenn der Atem des Bläsers über seine gespannten Lippen, die seinem Gesicht den Ausdruck eines erstaunten »Oh!« geben, erst einmal das Doppelrohrblatt zum Schwingen gebracht hat, beginnt ein Wunder der Klangwandlung: Das sonst schnarrende Entengequake der hauchdünnen Doppel-Blättchen gleitet mit sanftem, aber kontrolliertem Druck durch die Wunderwerke der Akustik und die Mechanik des Instruments. Zunächst schmiegt sich der vom Klang gefärbte Atem durch das gebogene, metallene S-Rohr, der naturhafte Entenklang wird geglättet, domestiziert und wandelt sich zu einem gerichteten Luftstrom. Der schmale Durchlass und Druck dieser Schallenge erhöht die vorfreudige Erwartung auf kommende Abenteuer der Schallwellen in den Tiefen des Instruments, die Raum, Zeit und Platz zur Klangentfaltung verheißen.

Kaum befreit sich der vibrierende Luftstrom aus der Enge des S-Rohres, breitet er sich wohlig aus, in einem Labyrinth aus Edelholz und metallenen Klappen. Aus dem ordinär komischen Gequake des Blättchens, dem hässlichen Entlein unter den Klangerzeugern, wurde ein stolzer Schwan, ein Klangschwan, der aristokratisch und sich seiner klingenden Schönheit bewusst dahin gleitet, den vielen Auswegen des Instrumentenlabyrinths entgegen. Danach haben Alchimisten immer gestrebt: aus unedlem Material edles Gold zu schaffen. Sie hätten Fagottisten fragen sollen. Und was für ein Gold: Es lebt, atmet, gleitet, jubelt, lockt und singt weit variantenreicher als es der großväterliche Ton bei Prokofjew vermuten lässt, und ist der menschlichen Stimme nahe wie kaum ein anderes Instrument in Bezug auf ihren Ausdrucksreichtum.

Das Fagott filtert aus seinem naturhaften Knarzen was es braucht, um ein Menschenherz über das Ohr zu erreichen. Es filtert aber auch gleichsam seinen Spieler, der seinen Atem leiht und den Druck seiner Lippen, die geschickten Finger, seine Haltung: sich selbst ganz und gar. Indem man das Instrument beherrschen lernt, wandelt sich der Spieler, das Instrument wird Teil der spielenden Person. Das Fagott wird zu seiner Braut, und man sagt über Fagottisten, sie freuen sich schon bei der Ouverture auf den fünften Akt, in welchem sie immerhin einen Takt Solo blasen dürfen.

Natürlich trifft dieses nicht nur auf Fagottisten zu, sondern auf alle Musiker, denen es gelingt, derart eins zu werden mit ihrem Instrument und von diesem Wunder zu künden. Man kann sie erkennen an ihren

Augen, denn sie alle haben das Glück geschaut, wie auch unserer Festival-Fagottist, ein großartiger Mensch und Musiker, ein Fagottist, der alle Welt an der Schönheit der Klangwandlung zum fagöttlichen Goldklang teilhaben lässt und auch Komponisten anregt, für ihn und sein Instrument Werke zu schreiben, die in klangliche Neuländer führen und in die er wiederum mit allergrößtem pädagogischen Geschick die Hörer geleitet.

Dazu gehört auch eine Solokomposition, geschrieben in der handwerklichen Untadeligkeit eines Meisters, der alle Ausdrucksweiten und -tiefen des Fagotts auslotet, bildhafte Visionen klar strukturiert und mit einer taumelnden Bewegung beginnt, die sonderbarerweise an Spielfiguren eines kleinen Instruments Zentralasiens erinnert: an die kirgisische Maultrommel.

Was für ein schöner Gedanke des Fagottisten, das Publikum auf das neue Werk einzustimmen mit dem Hinweis auf ein verwandtes Motiv zwischen dem Fagottstück und dem zart gezupften »boing, boing, boioioing« der kirgisischen Maultrommel. Ganz begeistert erklärt der deutsche Fagottist dem nur des Kirgisisch mächtigen Maultrommler seinen interkulturellen Plan. Irgendwie verstand man sich und wurde sich einig. Ohnehin hatte man sich schon angefreundet und während der endlosen Busfahrten durch mongolisches Steppenland eine erste Unterrichtsstunde im Spiel der kirgisischen Maultrommel erhalten; der Wodka trägt in solchen Fällen durchaus zur Völkerverständigung und dem Verständnis zwischen Fagottisten und Maultrommlern im Besonderen bei. »Du kommst mit mir auf die Bühne und fängst mit deiner Maultrommel an«, erklärte der Fagottist: »boing, boing, das ist das spätere Tempo und das erste Thema von meinem Fagottstück – ich übernehme dein Tempo.« »Okay, okay!«, lachte Ruslan, der Kirgise. Okay versteht man schließlich auch in Kirgistan. Er hatte die Gestaltung seines Bühnenauftritts ins Kirgisische übersetzt, und so ging alles anders als geplant.

Großes, festliches Abschlusskonzert im Kulturpalast von Ulan Bator; Lichter an, Applaus und unser Fagottist betritt erwartungsfroh und siegesgewiss die Bühne, im Bewusstsein der würdigen Schönheit seines Instruments und dessen Wunderklang, und der Mission folgend, den Menschen von Ulan Bator klar zu machen, dass die ersten

Takte seines Solos eine Verwandtschaft mit der kirgisischen Maultrommel aufweisen. Deshalb steht der schmächtige Ruslan neben ihm, im traditionellen Umhang und spitzem Hut, in der Hand die Maultrommel, bereit für seine zwischen den Kulturen vermittelnde Aufgabe. Ein rascher Schritt zum Mikrophon, denn eine Maultrommel ist unverstärkt zu leise, ein aufmunternder Blick des Fagottisten: »Boing, boing-boing, boing« erklingt Ruslans Maultrommel verstärkt durch den Saal, das Tempo und den taumelnden Anfang des folgenden Fagottsolos ankündigend: »Boing, boioioing«.

»Vielleicht ein wenig rasches Tempo«, mag der Fagottist gedacht haben, runzelt die Stirn, nickt dann anerkennend und fängt an, in dem Bewusstsein gleich allein auf der Bühne zu sein und sein Stück sicher zum Siege zu führen, nachdem der Kirgise vereinbarungsgemäß nach einigen gemeinsamen Noten abgetreten sein wird. »Boing, boing, boioioioing«. Der Kirgise blieb, denn er hatte anderes verstanden. Er spielte im leicht raschen Grundtempo weiter: »Boing, boing«. Der Fagottist war zunehmend irritiert, sein Instrument, der so edle Klangschwan, wurde von dem kleinen Maultrömmelchen getrieben, dass die sorgsam gesetzten Töne durch das Metallröhrchen praktisch hindurchgepeitscht wurden und keine Zeit fanden, sich im hölzernen Bauch des Fagotts zu entfalten. Erste Schweißperlen auf der Stirn. Es entfaltete sich ein unerwarteter Kampf gegen Zeit, Tempo und Gestaltungswillen: »Boing, boing«.

Dann endlich: eine Pause! Normalerweise ein Ort der Ruhe, doch die Antwort des Kirgisen kam unerbittlich: »Boing, boioioing, boing«. Denn er kennt und akzeptiert keine Pausen in seiner Musik und hetzte nun den Fagottisten weiter.

Eine lange Note mit Fermate. Die Rettung?

Der fagöttliche Klangschwan entfaltete sein klangliches Federkleid in ganzer Pracht, der hohe und schönste Fagottton erblühte in einem mitreißenden Crescendo, schmiegte sich in die Ohren auf dem Wege in die Herzen der Zuhörer, der Fagottist war sich seines Sieges gewiss. »Boing, boioioing, boing«, klang es lautsprecherverstärkt durch den Saal und unterbrach den Schwanengesang. Der Fagottist litt, das Publikum war zufrieden, kannte es doch dieses Stück nicht, lauschte erstmals dieser Musik und war ob dieses deutsch-kirgisischen Duell-Duos auf der mongolischen Bühne entzückt: Hier der um seine Mission kämpfende Fagottist, der die kirgisischen Geister, die er rief, nicht mehr bändigen konnte und mit allerhöchster Konzentration versuchte, dem unabhängig gewordenen »Boing, boing« zu entkommen; dort der schmächtige Kirgise, der genau wusste, dass er rechtens tat, denn schließlich hatte man sich geeinigt mit einem Okay. Also spielte er, angeregt durch fagöttliche Schwanentöne, weiter, insbesondere die Pausen und langen Noten bedenkend und das alles im kirgisisch munteren Tempo.

Nach ewig langen zwölf Minuten waren Kampf und Stück zu Ende – es gab freundlichen Applaus, keinen Sieger oder Besiegten; nur der Fagottist wirkte etwas erschöpft, als er von der Bühne trat, etwas von Missverständnissen murmelte und darum bat, das Tondokument seines Konzertbeitrags zu löschen und dem Komponisten in der fernen Heimat nichts von dieser deutsch-kirgisischen Zusammenarbeit in der fernen Mongolei zu berichten.

Helium, Knochen, Pferdemist, Kerosin und Kalk

Juan, ein Performance- und Videokünstler, kam aus Mexico City. Was für eine Anreise: 17.000 Kilometer. Lange war es während der vorbereitenden Korrespondenz unklar, was er präsentieren wollte, bis er endlich seine Entscheidung verkündete: Er benötigt für seine Performance 40 bis 50 verschiedenfarbige, mit Helium gefüllte Luftballons. Begleitet von einer musikalischen Improvisation sollten diese langsam in den blauen mongolischen Himmel entschweben. Soweit die Idee.

Das Helium wurde zunächst abgelehnt: Es sei zu gefährlich in der heißen Gobi mit einer Gasflasche herum zu fahren.

Schließlich fand sich eine Lösung, indem man eine nur leicht gefüllte Heliumflasche besorgte. Sogleich am zweiten Tag geht es nach vielstündiger Busfahrt zum Jurten-Stützpunkt in die Wüste Gobi, dort wo man am Folgetag für viele hundert Nomaden ein großes Musikfest veranstalten wird. Das Helium war vor Ort. Doch am Vorabend sieht man Juan mit hängenden Ohren in seiner Jurte sitzen. Nach hartnäckiger Nachfrage erklärte er betrübt, dass er die Ballons in Mexico

City vergessen habe. Nach dem ersten Schock konnten wir ihn aber mit vereinten Kräften überzeugen, stattdessen am nächsten Tage seine Tragödie als Pantomime wiederzugeben. Er zog sich zurück und studierte eine Performance ein, die uns alle umwarf. Tatsächlich konnte er nonverbal seinen ursprünglichen Plan darstellen: wie klein der gelbe Ballon gewesen wäre und wie schnell der große grüne, wie der rote gerochen hätte und der blaue zerplatzt wäre und so weiter … Es war großartig!

Die Red Earth Gruppe aus England hatte sich auf Performances in Auseinandersetzung mit der Natur spezialisiert. Sie fragten nach Pferdemist, Kalk und Bambus. Pferdemist brauchen die Nomaden selber zum Heizen, und Bambus wächst 1.000 Kilometer weiter südlich.

Eine Tänzerin aus Brasilien bestellte einen Berg gebleichter Pferde- oder Kuh-Knochen: groß müssten sie sein und viele, für eine Performance im Naturhistorischen Museum in Ulan Bator. Man besorgte viele Knochen vom Schlachthof, die von mehreren Leuten in tagelanger Arbeit gekocht und von Fleischresten befreit wurden, bis sie schneeweiß wurden. Alle Hilfskräfte, die Knochenbesorger, Knochenkocher und Knochenreiniger warteten gespannt auf diese Performance zwischen den Skeletten der Saurier und rätselten, was passieren würde. Vielleicht würde die Tänzerin mit den Knochen akrobatische Übungen machen oder in ihnen tanzen. Man hatte sie zuvor bereits bei einigen Veranstaltungen in der Wüste erlebt, wo sie sich zu Schlagzeugklängen und mit einem Posaunisten wie eine Schlange zwischen den Instrumenten hindurch wand und die Nomaden begeisterte.

Doch die Helfer und das erwartungsfrohe Publikum wurden enttäuscht, denn anstelle einer wilden, brasilianischen Tänzerin sah man sie verkleidet als Paläontologin, die im weißen Doktorkittel, mit Sonnenhut und Vergrößerungsglas mal hier einen Knochen aufhob, eine Pirouette drehte und den Knochenhaufen etwas umschichtete. Die Performance war blass wie die Knochen, die sie angefordert hatte.

Eine Jurte hat eine genial einfache Konstruktion und kann in einer Stunde von Profis aufgebaut werden. Sie bietet Schutz vor den kalten Winden im Winter und den heißen Sommern. An der höchsten Stelle der Jurte laufen sämtliche Dachstangen in einem Tonoo zusammen, einem runden Dachkranz, der einen Durchmesser von etwa einem Meter hat. Genau dieses Modell verlangte ein mongolischer Künstler aus den USA für seine Installation, allerdings erweitert auf einen Durchmesser von 20 Metern, mit Gräben, die durch den Steppenboden laufen sollten, gefüllt mit Kerosin, um dann in der Nacht entzündet zu werden. Es wäre eine Umweltverschmutzung größeren Ausmaßes im Naturschutzgebiet geworden, ein unkalkulierbares Risiko mit einem möglichen Steppenbrand zur Folge.

Künstlerische Freiheit darf wirklich sehr viel, doch nicht jede künstlerische Maßlosigkeit ist durch eine starke Idee gedeckt.

Kapitel III

Zwei ungleiche Helden

Die Festival-Route führte uns nach Osten in die Chintii-Provinz. Der letzte Winter war lang und hart, bis Anfang Juni hatte es dort keine Sportfeste mit Pferden gegeben, man wollte sie schonen. Nun stand bald das alljährliche große Naadamfest in der Hauptstadt bevor und die Chintii-Provinz wollte, wie in den Jahren zuvor, mit Rennsiegen glänzen. Also mussten sämtliche Pferde der Provinz vorbereitet werden, und man war glücklich zu hören, dass wir für ihre Provinz ein Naadam-Sportfest Mitte Juni zusammen mit unserem Roaring Hooves Festival organisieren konnten.

Die Pferde bekamen von ihren Besitzern ihre »Renn-Diät«, wurden besonders hergerichtet und gekämmt. Insgesamt kamen 2.000 wunderschöne Pferde und hochmotivierte Reiter zu unserem Festival.

Zu einem Naadamfest gehören auch die Ringkämpfer und Bogenschützen. In den Pausen spielten unsere Musiker zeitgenössische Musik für die Zuschauer. Natürlich muss die Programmwahl in solchen Fällen sehr gut überlegt werden. Ein zartes und überlanges Stück etwa der Komponisten Morton Feldman oder Luigi Nono würde man hier zwischen den Pferden mit einer Aufführung eher beschädigen. Auch gilt es zu bedenken, dass traditionelle Musik der Mongolen meist aus kurzen Stücken besteht und man ihr selten länger als fünf Minuten aufmerksam zuhört. Unsere Aufgabe war nicht zu missionieren oder zu belehren, sondern neue Klänge aus anderen Ländern vorzustellen. Man holt Menschen dort ab, wo sie sind. Ein Programm mit zeitgenössischer Musik braucht für Open Air-Konzerte in der Mongolei immer eine gewisse dynamische Grundrobustheit.

Auf dem Hin- und Rückweg in die Chintii-Provinz führte uns der

Weg etwa 50 Kilometer von der Hauptstadt entfernt vorbei an einem monumentalen Denkmal Dschingis Khans, mit 30 Metern höchstes Reiterstandbild der Welt, aus 250 Tonnen Edelstahl. Etwa vier Millionen Dollar soll es gekostet haben. Er sitzt auf seinem Pferd und hält in der Hand seine goldene Lieblingsgerte, die er hier gefunden haben soll. Seltsamerweise schaut er ostwärts.

Natürlich hält man an und besucht den inneren Dschingis, denn man kann die Statue betreten. Im Sockel gibt es Restaurants und einen Fahrstuhl, der einen auf den Rücken des Pferdes bringt. Wer möchte, geht über eine Treppe weiter zur Aussichtsplattform auf dem Pferdekopf. Ein Vergnügungspark ist in Planung.

Nach den politischen Veränderungen Anfang der 1990er Jahre fanden die Mongolen einen identitätsstiftenden Halt in ihrem Staatsgründer Dschingis Khan. In der Zeit des Sozialismus war es untersagt, auch nur seinen Namen zu nennen.

Dschingis Khan wurde wahrscheinlich um 1155 geboren. Er starb, so vermutet man, am 18. August 1227. Der Legende nach ist er der Sohn eines Wolfes und einer Hirschkuh. Mongolen lieben solche Legenden, sie sind das Gewürz des Alltags. Die Todesursache ist nicht vollständig geklärt, drei Versionen werden diskutiert: Die eine besagt, er erlag den inneren Verletzungen nach einem Reitunfall; nach einer weiteren Mutmaßung wurde er von Tanguten in einem Hinterhalt getötet. Die dritte erzählt, dass er von einer tangutischen Prinzessin getötet wurde, die ihrer Vergewaltigung zuvorkommen wollte, indem sie ihn mit einem versteckten Messer entmannte.

Hartnäckig hält sich die Geschichte um einen geheimen Ort, wo er mit all seinen unermesslichen Reichtümern begraben worden sein soll. Die daran beteiligten 2.000 Soldaten verwischten alle Spuren und wurden anschließend getötet, desgleichen alle Pferde. Niemand weiß, weder Mensch noch Tier, wo das Grab Dschingis Khans wirklich ist, was Schatzsucher aus aller Welt immer wieder zu neuen Spekulationen inspiriert.

Vor 800 Jahren gründete Dschingis Khan die Mongolei, um dann mit seinen Reitern aufzubrechen, das größte Weltreich aller Zeiten zu erobern. Er hat dieses Reich nicht friedlich erobert, für Europa war es vielmehr eine traumatische Erfahrung. In der Mongolei wird er dagegen seit der politischen Wende nach 1990 als Halbgott verehrt. Er ist der Übervater der Nation und im Kommerz bezieht man sich gerne auf ihn: Dschingis Wodka, Khan Bier, Dschingis Khan Flughafen, Dschingis Khan Flugzeug der Mongolian Airlines. Er war einer der großen Massenmörder der Geschichte.

Dschingis Khan gründete 1220 seine Hauptstadt Kharakorum, welche seit Jahren in einer deutsch-mongolischen Kooperation ausgegraben wird. Er holte zum Aufbau seiner Stadt am Orchon-Fluß fremde Handwerker und Künstler ins Land, aber auch Vertreter aller Weltreligionen, die er unter seinen persönlichen Schutz stellte, und er zeigte als brutaler Eroberer ein zweites, völlig anderes Gesicht. Durch seine tolerante Haltung allem Neuen und Unbekannten gegenüber wurde ihre Hauptstadt nicht nur die Schaltzentrale der Reichsverwaltung und ein Zentrum des Handels und Kunsthandwerks, sondern auch zu einem Schmelztiegel unterschiedlicher Religionen, Kulturen und Völker. Das zentralasiatische Gebiet zwischen Altaigebirge und Orchon-Fluss muss viele tausend Jahre vor Dschingis Khan ein magisches Zentrum der großen Völkerwanderungen der Geschichte gewesen sein: Von hier aus gingen Volksgruppen nach Osten über die Beringstrasse, um Amerika zu besiedeln; um den Orchon befand sich das zentrale Gebiet der Turkvölker, die nach Westen aufbrachen.

Dschingis Khan war als Eroberer bei seinen Feldzügen erfolgreich. Militärhistoriker haben seine Waffenerfindungen und überraschenden Strategien analysiert und folgendes herausgefunden: Die Mongolen erfanden die Steigbügel, was ihre Beweglichkeit dramatisch veränderte. Sie waren so in der Lage stehend zu reiten und rückwärts zu schießen. Mongolische Pferde sind zwar etwas kleiner als europäische, aber extrem ausdauernd und schnell. Überliefert ist, dass eine Depesche, die mit einer Tag und Nacht reitenden Pferdestafette geschickt wurde, von Europa in die Mongolei zehn Tage brauchte. Die Zulieferung der Post heute ist nicht schneller.

Jeder Soldat war autark und für sich selbst verantwortlich. Dazu entwickelten die Mongolen ein geniales System, um Fleisch durch Trocknen zu konservieren. Das Fleisch einer Kuh wird in Streifen geschnitten und nach mehreren Trocknungsprozessen gedörrt und pulverisiert: das wird Borts genannt. Borts ist extrem leicht: Am Ende wiegt das Fleisch einer ganzen Kuh nur ein Kilo, das ist die Grundversorgung eines Soldaten für ein Jahr! Wie bei einer unserer Instant-Suppen übergießt er eine kleine Fingerprise mit Wasser und schneidet ein paar wilde Kräuter hinein. Ab und zu hat er sich vielleicht einen Hasen geschossen. Dazu gibt es einen Beutel mit getrockneten Milchprodukten, Käse zum Beispiel, so hart wie eine Tischplatte, aber mit vielen nahrhaften Stoffen versehen.

Ein mongolischer Krieger musste nicht mehr als sieben Kilo inklusive Waffen auf seinem Pferd transportieren. Die europäischen Ritter in ihren schweren Metallrüstungen trugen allein schon 40 Kilo, sie waren unbeweglich und hatten keine Chance gegen die wendigen Steppenkrieger.

Die Mongolen kamen bis nach Polen, allerdings hielt das Großreich nicht sehr lange und zerfiel nach zwei Generationen. Man konnte ein Gebiet von derartiger Ausdehnung wohl mit dem Pferd erobern, nur nicht verwalten.

Ein winziges, aber wichtiges Detail wird oft übersehen, wenn über den nachhaltigen Einfluss Dschingis Khans auf Europa gesprochen wird. Nachhaltig waren in Europa weniger seine militärischen Erfolge, vielmehr war es der mongolische Pestfloh, der mit den Steppenkriegern nach Europa gebracht wurde. Einige Truppen brachten Murmeltiere aus der Steppe als Fettträger und Lieblingsspeise mit. Murmeltiere können in bestimmten Regionen auch heute noch Wirtstiere für die Pesterreger sein. Mongolen haben anscheinend eine gewisse Resistenz, sie leben auch heute sehr weit verstreut und die Entfernungen sind zu groß für eine Epidemie. Die Pest hat eine Inkubationszeit von ca. 24 Stunden. Für den Fall, dass eine Familie in ihrer Jurte von der Pest bedroht war, betraf es maximal eine Familie und nicht die Bevölkerung eines ganzen Landes. Nachdem die Reiter aus der fernen Steppe nach Europa einfielen, begannen die großen Pestepidemien, eine der größten Katastrophen der Menschheitsgeschichte mit europaweit circa 24 Millionen Toten. Es dauerte lang, bis man den Zusammenhang zwischen der Ursache für die Ausbreitung und der Hygiene der Städte feststellte. Man blieb hilflos, es kam die Zeit der Schuldzuweisungen und der großen Pogrome.

Die europäische Renaissance war der Beginn der Wissenschaften, man begann unabhängig von kirchlichen Vorschriften zu forschen. Erstmals öffnete man Leichen, um Ursachen von Erkrankungen im Inneren eines Körpers zu entdecken. Der mongolische Pestfloh hatte die medizinische Forschung und auch die Veränderungen im Städtebau beschleunigt: Man erkannte, dass die Enge mittelalterlicher Straßen, die Angewohnheit, Abfälle in die engen Gassen zu werfen in einem Zusammenhang mit der Rattenplage und der Pest standen.

Die Fokussierung der heutigen mongolischen Gesellschaft auf Dschingis Khan ist verständlich und so gesehen mag auch die Verehrung durch sein Reiterstandbild aus 250 Tonnen Edelstahl nachvollziehbar sein. Von außen betrachtet scheint aber dieser Blick zurück in die Vergangenheit auf einen Feldherrn, der vor 800 Jahren mit seinen Reitern erfolgreich war, zur Orientierung und für die Entwicklung der heutigen Mongolei eher hinderlich zu sein. Identität heißt eingrenzen, aber auch ausgrenzen, die Grenzen zwischen einem neu erwachten Nationalgefühl und Nationalismus sind schmal. Wichtige Zukunftsfragen der Gesellschaft lassen sich heute weder mit vielen Pferden noch mit militärischer Gewalt lösen.

Danzan Ravjaa, der andere Held

Die Seele einer Nation ist seine Kultur. Die Förderung oder Vernachlässigung von Kultur hat soziale Konsequenzen. Es gibt in der Geschichte der Mongolen einen zweiten Helden, der dieses bereits erkannt hatte und als Held und Retter mongolischer Kultur möglicherweise die wichtigere Leitfigur für die heutige Mongolei sein kann.

600 Jahre nach Dschingis Kahn wurde Danzan Ravjaa (1803-1856) im Süden der Mongolei geboren, nahe der Provinzstadt Sainshand. Er wurde Schriftsteller, Komponist, Maler, Lama und Arzt sowie Gründer eines wichtigen Klosters und der ersten Kunstakademie der Mongolei. Ihm gelang es, die mongolischen traditionellen Kunst- und Ausdrucksformen seiner Zeit nicht nur zu sammeln und zu dokumentieren,

sondern auch mit eigenen Kunstwerken zu bereichern, Ausbildungsstrukturen zu begründen und wesentliche Impulse bis in die heutige Zeit zu geben. Er wurde zur wichtigsten Figur der mongolischen Kulturgeschichte. Auf seinen Schultern ruht das, was wir heute über die traditionelle mongolische Kultur wissen. Die Mongolei stand zu seiner Zeit unter chinesisch-mandschurischer Kontrolle. 200 Jahre zuvor war der Buddhismus und Lamaismus ins Land gekommen, die großen Klöster hatten sich zu Zentren der Spiritualität und Bildung entwickelt, aber auch zu Zentren für Korruption und Machtmissbrauch.

Danzan Ravjaa erhielt eine erstklassige Klosterausbildung und baute als anerkannter Lama im Alter von 19, 20 Jahren in das Geröll der Wüste das Khamrin Khiid-Kloster, etwa 40 Kilometer südlich der heutigen Provinzhauptstadt Sainshand. Allein der Klosterbau in dieser Ödnis ist eine Großtat. Er gründete die erste Kunstakademie der Mongolei, ein Zentrum ethischer Werte, die erst später in die Gesellschaft ausstrahlten. Ein mehrstöckiges Theater mit sinnreicher Technik und einem professionellen Ensemble gehörte ebenso dazu wie die erste öffentliche Bibliothek und das erste Museum der Mongolei. Danzan Ravjaa war als Lama, Arzt und Heiler tätig, schrieb neben Fachliteratur mehrere Theaterstücke und die berühmte Oper vom »Mondkuckuck«, die im Original einen Monat dauert. Er war ein begabter Maler und Zeichner, verfasste über 900 Gedichte, 300 Lieder, von denen auch heute noch einige gesungen werden. Er war ein energischer Vorkämpfer für gleiche Rechte von Mann und Frau, auch in der Ausbildung, und machte sich mit seinen kritischen Äußerungen gegen Korruption und Machtmissbrauch bei den Klosteroberen anderer Klöster mehr als unbeliebt.

Er entwickelte für seine neu gegründete Grundschule einen eigenen Lehrplan ohne klösterliche Richtlinien, vielmehr konzentrierte man sich auf mongolische und tibetische Kompetenz in Naturwissenschaften und Geschichte. Häufig wurden die Absolventen seiner Grundschule später Mitglieder seiner Theatertruppe.

Diese großartigen Aktivitäten inmitten der Wüste sprachen sich herum, und nach einigen Jahren lebten um sein Kloster und seine Kunstakademie herum 5.000 Menschen. Es war das Kulturzentrum des Landes.

Demütig geht man in die Knie vor dieser Schaffenskraft eines Visionärs. Hier war einer, der dem Motto folgte: Träume nicht dein Leben, sondern lebe deine Träume.

Um die Welt zu verstehen, braucht es viele Formen der Intelligenz; einige haben mit Intuition zu tun, andere mit Wissen und Erfahrung und damit, wie wir die Welt über unsere fünf Sinne wahrnehmen. Wir brauchen Fantasie, um in unserer Welt zu überleben, und wir vermissen Fantasie, wenn diese durch Gewalt ersetzt wird. Jeder Gewaltkonflikt ist ein Mangel an Fantasie. Künstler haben auch die Aufgabe, Fantasie in der Welt zu halten.

In Ravjaas berühmtestem Lied Ulemijin Chanar und in vielen Gedichten wird insbesondere die Schönheit der Frauen besungen. Danzan Ravjaa verzichtete nicht auf Alkoholgenuss oder sexuelle Intimitäten, auf beiden Gebieten entwickelte er eine Zuneigung – er lebte mit zwei Frauen zusammen und beschrieb freizügig seine Ekstasen und seinen Rausch. So eine Person ruft nicht nur die Obrigkeiten, sondern auch Neider auf den Plan. Danzan Ravjaa hatte viele Feinde und starb unter mysteriösen Umständen. Möglicherweise wurde er vergiftet.

Um seine unersetzlichen Schätze, seine Sammlungen, Bücher und Kunstwerke zu schützen, wurden diese von einem seiner Anhänger in Kisten verpackt und an einem geheimen Ort in den Bergen vergraben. Die Sammlung blieb bis 1991 verborgen, als die ersten 24 Kisten hervorgeholt und in ein kleines Museum in Sainshand geschafft wurden. Mit Hilfe eines mongolisch-österreichischen Teams wurden 2009 weitere geborgen, andere liegen noch im Wüstensand.

Festival in Sainshand

Mit einem Klavier durch die Gobi zu reisen hat dem Roaring Hooves Festival bereits den Ruf großer Unerschrockenheit eingetragen – und Komplimente von Medien und Kulturmanagern. Man war bereits Bruder und Schwester im Geiste mit Danzan Ravjaa, dem Meister realisierter Träume. Ein Musikfestival wie Roaring Hooves muss in Sainshand, diesem magischen und zentralen Ort mongolischer Geschichte, ausgetragen werden, und wir beschlossen für eine Woche dorthin zu fahren. Dieser Ort ist die letzte mongolische Station der Transsibirischen Eisenbahn vor der Grenze zu China, und wir waren bereit, die elfstündige Fahrt von Ulan Bator nach Sainshand zu wagen. Elf Stunden am Tage hin und elf Stunden nachts zurück. Entgegen unseren Befürchtungen haben wir die Bahnfahrt ganz besonders genossen. Wir hatten für alle Teilnehmer zwei Waggons reserviert, auf die wir uns bequem verteilen konnten. Die Bahn zuckelte träge durch die Landschaft. Wenn es gut und geradeaus ging, kam sie wohl auf etwa 50 Stundenkilometer Höchstgeschwindigkeit, Vierbettabteile brauchten nur mit zwei Personen belegt werden. Selten bin ich so schön und so komfortabel gereist. Endlich mal wieder trauten wir uns, aus einem fahrenden Zug aus dem Fenster zu schauen, unsere europäischen Rennzüge lassen das nicht mehr zu: Die nähere Umgebung verschwimmt bei unseren Strecken zu einem durchgehenden Farbstreifen, dazu gesellt sich eine Akustikwand, Bäume und Telefonmasten zerhacken flirrend das Blickfeld, am Ende hat man vielleicht 20 Minuten gespart. Was macht man bloß mit diesen 20 Minuten? Sie reichen gerade für einen Kaffee. Hier, in der gemütlich und unaufgeregt ruckelnden Transsibirischen Eisenbahn erkennt man jeden Stein und kann jede Blume begrüßen, sehr zur Freude der mitreisenden Botaniker.

Auf den Zwischenstationen hält man richtig an, kann aussteigen und sich eine Süßigkeit oder eine Erfrischung kaufen. Wir nutzen die Stationen zu Minikonzerten auf dem Bahnsteig, inklusive traditioneller Modenschau.

Dann ging es weiter, und wieder begrüßt man die Blumen aus dem offenen Fenster, atmet frische Wüstenluft ein, singt in den Abteilen muntere Lieder aus allen möglichen Ländern, trinkt in Ruhe einen Wodka oder schlummert dem Ziel entgegen. Die Bahnstrecke Ulan Bator-Sainshand ist etwas für die gute Laune, die Wiederentdeckung der Langsamkeit und eine entspannte Seele.

Mit ihren circa 15.000 Einwohnern ist Sainshand die Hauptstadt der in der östlichen Gobi gelegenen Dorno-Gobi-Provinz, die etwa ein Drittel der Fläche von Deutschland hat. Die Bodenschätze der Region haben Minengesellschaften auf den Plan gerufen und die Gewerbesteuereinnahmen haben der Stadt zu ansehnlichem Wohlstadt verholfen. Man erkennt dies sogleich an den perfekten Straßen, den teuren Straßenlaternen und Parkanlagen. In Sainshand nimmt man Geld in die Hand.

Unser Jurtencamp lag einige Kilometer von der Stadt entfernt, unser Ausgangspunkt für spannende Konzerte und Exkursionen der nächsten Tage, darunter auch der berühmte Wunschberg der Mongolen. Man sagt und nennt Beispiele, dass jeder Wunsch, den man auf der Bergspitze äußert, in Erfüllung geht. Viele Jahre zuvor kam sogar der japanische Kaisersohn mit seiner Frau, viele Jahre hatten sie sich vergeblich um Nachwuchs bemüht. Auch ihnen half der Weg auf die Bergspitze. Der Weg dorthin ist gut ausgebaut, aber anstrengend. Ich wartete im Schatten auf halber Höhe – auch hatte ich eigentlich gar keine Wünsche, die der Berg mir hätte erfüllen sollen.

Unser Interesse galt den Spuren Danzan Ravjaas. Seine Klosteranlage und Kunstakademie hatten die Kommunisten gründlich zerstört, doch man baut mit sehr vielen privaten Helfern einiges wieder auf. Über den Wüstenboden, auf dem alles neu entstehen soll, erzählt man sich, dass er in sich eine Besonderheit berge. Es sei hier der energetischste Platz der Erde. Auf meine Nachfrage konnte man zwar keine wissenschaftlichen Belege nennen, aber es hieß, man solle sich einfach für einige Minuten ausgestreckt auf den Boden legen und wird sich anschließend frisch wie der junge Frühling erheben. Auch könne man sein Handy zum Aufladen einfach auf den Boden legen. Da ich noch nie ein Handy besessen habe, konnte ich das leider nicht erproben, dafür streckte ich mich auf den Boden. Der war angenehm warm, hier und da drückte ein Stein, aber ich schloss die Augen und dachte an Danzan Ravsha, der vor 200 Jahren auch an dieser Stelle gelegen haben mag. Hier hatte er im Wüstensand seine Träume geträumt und seine Träume gelebt.

Kapitel IV

Bei den Schamanen: Die verbindenden Melodien in den Harmonien der Welt

In einer zunehmend komplexer und unübersichtlicher werdenden Welt ist man fasziniert vom Lebensraum, der scheinbaren Einfachheit und der Unmittelbarkeit der Menschen in der Mongolei. Etwa ein Drittel der knapp drei Millionen Mongolen lebt in Jurten und zieht auch heute nach alter Nomadentradition mit etwa 50 Millionen Ziegen, Schafen, Pferden, Kamelen durch die weiten Steppen eines Landes von der vierfachen Größe Deutschlands.

In die Mongolei zu reisen ist heute nicht mehr kompliziert: etwa 10 Stunden Flugzeit trennen Berlin von Ulan Bator, der Hauptstadt des Steppenlandes. Ist man endlich angekommen, bleibt eine Weiterreise im Lande bis heute ein Abenteuer: Es gibt nur wenige intakte Straßen, man wählt seinen Pfad durch das Steppengras. Ein ortskundiger Fahrer ist unerlässlich, aber auch eine Portion Glück, um sicher an ein Ziel in diesem riesigen und nahezu menschenleeren Land zu gelangen. Um diesem Glück nachzuhelfen, stehen an markanten Stellen des Weges so genannte Owoos: bis zu mannshohe Steinhaufen, geschmückt mit blauen Tüchern, die munter im Winde flattern. Für Mongolen ist hier der Sitz der ortsansässigen, guten Geister, die man um eine sichere Weiterfahrt bittet. Jedem Reisenden sind diese Plätze vertraut, sie stehen in größeren Abständen in der Steppe, der Wüste Gobi oder in den Bergen: Man hält sein Fahrzeug an oder steigt vom Pferd, umrundet den Owoo dreimal, wirft dabei drei Steine zu den anderen und trägt so zur erhöhten Sicherheit seiner Weiterreise und der Vergrößerung des Owoo bei. Manch einer fügt auch eine leere Wodkaflasche hinzu, einen Tierknochen, etwas Geld oder auch zurückgelassene Autoteile. Ein älterer Owoo birgt so eine eindrucksvolle Sammlung persönlicher Gegenstände als Hoffnungsgaben einsamer Reisender und Reiter. Sie werden nach ihrer Errichtung durch Nomaden von einem Schamanen in einer Zeremonie spirituell belebt. Bei größeren Monumenten an besonderen Plätzen ruft man den Staatsschamanen Byamabadorj. Dieser ist sowohl Ratgeber mongolischer Regierungsmitglieder als auch Helfer und Heiler für viele Menschen und wird in seinem Land als Sprecher der Schamanen auf gleicher Augenhöhe mit dem Dalai Lama gesehen.

Religionen gehen mit Dingen um, die den Menschen bedeutsam sind und die sie gerne in andere Hände legen, z. B. in die Hände eines Religionsstifters und dessen Gesetze. Schamanismus ist keine Religion, sondern eine vorreligiöse, elementare Dialogform mit Naturphänomenen und einer spirituellen Welt. Es zählt nur der Augenblick, die Gegenwart. Schamanismus ist älter als die großen Weltreligionen. Im Schamanismus gibt es keine Religionsstifter, keine Institutionen oder Dogmen, keine Mythologie der Welterschaffung, auch keine Geschichtsbücher, sondern nur das Hier und Jetzt. Praktisch alle sogenannten Hochreligionen zeigen mehr oder weniger stark ausgeprägte Überreste ursprünglich schamanischer Riten oder Vorstellungen. Sie sprechen alle Sinne der Beteiligten an: Kleidung, Gesten, Düfte, Reinigungsrituale, Klänge, Dekoration, Gesang bzw. Sprechgesang. Der Schamanismus ist in vielen Ländern seit Urzeiten verbreitet. Die weiten Wälder Sibiriens und der nördlichen Mongolei gelten als wichtiges Zentrum.

Aufgabe des Schamanen ist nicht nur die Erfahrung des Selbst und der intuitiven Vorausahnung, sondern vor allem das Heilen kranker Menschen. Voraussetzung dafür ist, verloren gegangene Krafttiere oder gute Geistwesen wieder zu finden und zurückzubringen, um das Gleichgewicht der Energien wieder herzustellen. Dazu kommunizieren sie in Trance mit ihren Vorfahren, die in ihrer Vorstellung als unzerstörbare Seelen weiterleben. Der Schamane bietet dem Kranken eine eigene Sprache, die ihm hilft, die der Krankheit zugrunde liegenden Konflikte besser zu verstehen, auszudrücken und zu transformieren. Die Selbstheilungskräfte des Körpers werden aktiviert, bis hin zur Spontanheilung.

Die junge Schamanin

Wir waren im Winter im äußersten Nordwesten des Altaigebirges mit einem Jeep unterwegs, um den Obertonsänger Papisan zu treffen, und machten Rast bei einer jungen Schamanin. Der Fahrer hatte uns während der Fahrt von ihr erzählt. Eine Frau, etwa Mitte zwanzig, untersetzt, ihre Augen schienen in die Ferne gerichtet, sie hatte schon viel von dieser und einer anderen Welt gesehen. Trotz ihrer Jugend umgab sie eine Aura der Weisheit.

Wir erklärten den Grund unserer Reise, auch sie kannte den Sänger Papisan und schien sich nach einer anfänglichen Verschlossenheit langsam zu öffnen. Kaum erwähnte ich den Namen ihres Onkels, der mir den Hinweis auf Papisan in Ulan Bator gegeben hatte, verschlossen sich ihre Gesichtszüge zu einer stummen Maske. Nach mehreren stockenden Gesprächsanläufen entspannte sie sich und begann nun ihrerseits zu erzählen, zuerst zögernd, dann immer fließender und mit emotionaler Tiefe, unterstrichen durch abrupte Gesten ihrer Hände. Der Onkel, ein prominenter Tuwiner, überwiegend außerhalb der Mongolei lebend, hatte in einer Initiative für die tuwinische Minorität einen zunächst einleuchtenden Gedanken entwickelt: Viele Kasachen zog es nach der politischen Öffnung der Mongolei zurück unter die ökonomisch besseren Lebensbedingungen Kasachstans. Sie verließen ihre Weidegründe im Altai und machten damit den Weg frei für die Vision, viele verstreut lebende Tuwiner zu einer kleinen zusammenhängenden Gemeinschaft auf diesen Weidegründen anzusiedeln. Aus einem Flickenteppich sollte ein ethnisch einheitliches Siedlungsgebiet entstehen. Einige Dutzend Familien machten sich unter seiner Führung auf den Weg und nahmen ihre Tiere mit. Die Karawane brauchte viele Tage und wurde von internationalen Fernsehteams begleitet. Ihr Onkel erhielt für diese Aktion einen wichtigen Orden. Doch sie alle beachteten nicht das Mikroklima in dieser Gegend. Viele Tiere überlebten den nächsten Winter nicht. Die tuwinischen Familien kehrten wieder an ihre alten Wohnorte zurück, mit weniger Tieren und ärmer als zuvor. Ohne Fernsehteam, und auch ohne Onkel. Man überließ sie ihrem Schicksal; niemand hat sich mehr um sie gekümmert. Der prominente Onkel hatte das Leid der Tuwiner zur Vergrößerung seiner eigenen Bekanntheit genutzt, für einen Misserfolg gab es darin keinen Platz. Ich verstand die ablehnende Haltung und Enttäuschung der jungen Frau. Und bereitwillig erzählte sie von ihrem Schicksal. Ihre Großmutter war einst eine bedeutende Schamanin gewesen und bereits als Kind war sie von ihr auserwählt und unterrichtet worden, um später die Aufgabe einer Schamanin zu übernehmen.

Sie war erst 16 Jahre alt, als die Großmutter nach langer Krankheit verstarb. Ihr Tod wurde von einem dramatischen Wetterereignis begleitet: Ein starkes Unwetter, wie man noch keines je an diesem Ort erlebt hatte, überfiel krachend ihr Dorf. Die Luft verfärbte sich schwefelgelb, es regnete wie aus Kübeln, und der Sturm zerrte an den dünnen Wänden ihrer Hütte. Blitze und Donnerschläge kamen näher, sie versteckte sich unter dem Tisch hinter dem Schrank, aber die Sturmgewalten waren unerbittlich. Der nächste Donnerschlag betäubte ihre Sinne. Der Blitz hatte in den Stall eingeschlagen, es folgte ein zweiter, dritter Einschlag, dieses Mal ins Haus. Sie meinte, die Welt gehe unter oder alle Geister hätten sich gegen sie verschworen. Das Mädchen war völlig verstört vor Angst. Diese Donnerschläge, diese verrückten Donnerschläge setzten sich fest in ihrem Kopf und verrückten ihre Sinne. Im wahrsten Sinne des Wortes galt sie seither als verrückt. Nachdem das Unwetter vorüber war, fand man sie unter dem Bett der toten Großmutter, als könne diese noch im Tode ihr Enkelkind vor den Naturgewalten schützen. Sie spürte, dass sie etwas verloren, aber anderes hinzu gewonnen hatte. Die Dorfgemeinschaft wusste von dem spirituellen Auftrag der Großmutter an ihre Enkelin und erkannte sie als Schamanin an. Sie hatte ihre Aufgabe akzeptiert. In der Folge hatte sie Visionen, konnte helfende Ratschläge geben und heilte Kranke durch Zeremonien, die deren Selbstheilungskräfte stärkten. Gelegentlich und unvorbereitet tobte die Erinnerung an die Donnerschläge des Unwetters weiter in ihrem Kopf, betäubte ihre Sinne und verwandelte sie in ein unkalkulierbar aggressives Wesen, mit bedrohlichen Attacken, auch gegenüber Freunden. Nachdem sie für uns ihre Lebensgeschichte ausgebreitet hatte, bot sie an, für eine sichere Weiterreise ihre guten Geister zu rufen und sie begann langsam und bedächtig ihr Schamanenkostüm anzulegen: die Rüstung für den Schutz während einer spirituellen Reise. Abschließend band sie den großen Metallspiegel vor die Brust, der vor den Energien böser Geister behütet. Fransen verdeckten ihr Gesicht, und sie verwandelte sich in ein auf der Couch schwankend kauerndes Wesen, in einen dunkelfarbig zotteligen Kokon gehüllt. Eine Kreatur aus einer Anderswelt. Töne ihrer Maultrommel erfüllten den Raum, wie kleine elektronisch sirrende Tropfenklänge. Ihre Stimme klang wie der Wind, der um die Felsen streift, während sie sich erhob und mit einem rituellen, langsamen Trommeltanzgesang begann, der sie bereits nach kurzer Zeit in einen Trancezustand versetzte. Mit zurückgeworfenem Kopf und halbgeschlossenen Augen trat sie mit einem tiefen, stöhnenden Sprachgesang in den Kontakt mit ihrem spirituellen Gegenüber. Es war ein Schnaufen und Ächzen, im Wechsel mit zuckenden, den ganzen Körper schüttelnden Gebärden. Man spürte ihre raumfüllende Energie und wurde Teil ihrer Auseiandersetzung mit den Kräften einer anderen Welt. Nachdem die junge Schamanin in den Schutzraum ihrer fünf Sinne zurückkehrte, setzte sie sich erschöpft auf die Couch und begann nach einem Moment des tastenden Zurechtfindens, sich mit zögernden Handgriffen von dem Schamanengewand bis auf den runden Metallspiegel, ihrem Schutz gegen böse Geister, zu befreien. »Ihr habt eine glückliche Reise vor euch und eine gute Zukunft«, murmelte sie und schaute mit leerem Blick in eine imaginäre Ferne. »Seid unbesorgt, achtet auf die zugefrorenen Flüsse, deren Eis ist immer unterschiedlich dick. Schlagt immer darauf und prüft, ob es euch tragen kann.« Sie reichte noch etwas Milchtee und Gebäck, wir verabschiedeten uns, nachdem wir ein angemessenes Geschenk überreicht hatten, und brachen auf zum Ziel unserer Reise hinter den zugefrorenen Flüssen und dem See im Altaigebirge.

Schutzhüllen

Im Konzept der Schamanen hat jeder Mensch sieben Schutzhüllen – wie eine Zwiebel –, die vor bösen Geistern und schlechten Energien bewahren. Darüber hinaus leben in jedem Menschen sogenannte gute Geister. Sie entsprechen den christlichen Schutzengel und sollen die schlechten neutralisieren. Wenn jemand erkrankt, sind entweder eine oder mehrere Hüllen beschädigt, oder die innere Balance zwischen guten und bösen Kräften im Körper ist gestört. Mit seinen Riten kann der Schamane außergewöhnliche Heilungsprozesse auslösen und begleiten. Er repariert diese gewissermaßen und fordert die guten Geister auf, zurückzukehren und ihre Arbeit wieder aufzunehmen. Der Schamane genießt in seiner Gemeinschaft ein hohes Ansehen. Trotz seiner besonderen Stellung unterscheidet er sich in seiner Lebensweise kaum von den anderen. Er ist Jäger, Fischer, Rentierhirte oder geht einer anderen beruflichen Tätigkeit nach. Man gibt ihm für seine Tätigkeit, was man für angemessen hält.

Das erste Schamanentreffen

Es war die Zeit der Sommersonnenwende, hoch im Norden der Mongolei, nahe der sibirischen Grenze am unendlich weiten Khuvsghul-See. Als größter See der Mongolei wird er von den Mongolen respektvoll Meer genannt, sein kristallklares Wasser bildet zwei Prozent der weltweiten Süßwasserreserven. Die Sommer sind kurz in dieser unberührten, blühenden Landschaft mit ihren großen Wäldern und einer ungestörten Tierwelt. Das Paradies könnte so aussehen. Hier trafen sich 2005 erstmals in der Geschichte der Mongolei die Schamanen aller Volksgruppen des Landes. Der Staatsschamane Byambadorj war im Jahr zuvor mit dem Wunsch nach einem Schamanentreffen an die Organisatoren unseres Musikfestivals herangetreten. Ein Schamane hat in der Regel keine Veranlassung, einen anderen Schamanen aufzusuchen, denn jeder empfindet sich selbst als das Zentrum seiner Welt. Es gibt keine Gemeinschaft der Schamanen untereinander, eher eine Konkurrenz. Es wird von Schamanenkämpfen berichtet, bei denen sich zwei Schamanen gegenüber sitzen und ihre Geistwesen kämpfen lassen. Am Ende kann einer der beiden sterben, ohne von jemandem berührt worden zu sein. Vorsicht war bei der Auswahl der teilnehmenden Schamanen geboten.

Bereits viele Wochen vor dem Treffen machte sich deshalb ein Team auf den langen, nicht ungefährlichen Weg über 4.000 Kilometer quer durch das Land und das Altai-Gebirge, im Jeep, auf dem Pferd-, Yak- und Rentierrücken, durch Gebirge, Sümpfe und Wälder, um mithilfe eines kenntnisreichen mongolischen Geoethnologen auch in weit entfernten Bergtälern die Schamanen zu informieren, welche alle erstmals einander treffen sollten. Als Entschädigung für ihre Reiseanstrengungen wurde jedem ein Pferd als Geschenk zugesagt.

Ein Blick in die Geschichte

Man ist ein kleines Volk, man braucht die Hilfe anderer, man braucht auch Sicherheit und Vertrauen und man vertraut zuallererst dem blauen Himmel. Nicht zuletzt deshalb hat der Schamane bis heute seine zentrale Rolle als spiritueller Führer behalten. Es entstand um den Schamanenkult der sogenannte Tengrismus: Mukh-Tenger – der blaue Himmel, der bis heute die wichtigste spirituelle Kraft für die Mongolen ist. Während der Zeit des mongolischen Großreiches im 13. Jahrhundert unter Dschingis Khan und dessen Nachfahren war der Schamanismus Staatskult, und es gab auch große höfische Schamanen, die bei allen wichtigen Entscheidungen zu Rate gezogen wurden. Dschingis Khan wurde selbst Schamane, der sich vor Feldzügen und wichtigen Entscheidungen an seine Ahnen wandte und um Beistand und Inspiration bat. Ab dem 16. Jahrhundert entwickelte sich dort der tibetische Buddhismus. Es wurden Klöster mit Hilfe der Mandschuren und tibetischer Mönche errichtet. Keinesfalls aus spiritueller Notwendigkeit, sondern als besatzungsstrategische Maßnahme, um 50 Prozent der männlichen Bevölkerung zu kontrollieren. Der oberste tibetische Lama erhielt für den erfolgreichen Verlauf dieser primär militärischen Aktion den mongolischen Titel Dalai Lama: großer, weiser Ozean, ein mongolischer Titel, der bis heute gilt. Nach dem Eindringen der Mönche wurden in der Folge die Schamanen verdrängt und verfolgt. Es sind Gräueltaten überliefert. Nach der Gründung der Sozialistischen Mongolischen Volksrepublik wurden in den 1930er Jahren Schamanen rigoros als Konterrevolutionäre hingerichtet oder auch mit der zynischen Bemerkung aus Flugzeugen geworfen, sie sollten jetzt einmal beweisen, dass sie fliegen können. Nur fünf Schamanen haben diese Zeit überlebt. Einer ist Byambedorj.

Das zweite Schamanentreffen

Nach über 400-jähriger Verfolgung und Unterdrückung trafen sie sich 2005 auf Initiative und auf Einladung des Festivals erstmals zur Schamanenversammlung, von weit herkommend, am großen See im Norden und brachten ihre Familien und Helfer mit; ein buntes Gemisch prächtiger Gewänder und verschiedener Dialekte und Sprachen mongolischer Minoritäten an einem paradiesischen Platz, auf dem eine Pyramide aus drei Baumstämmen aufgerichtet und geschmückt wurde. Unter dem prachtvoll funkelnden Sternenhimmel vollzogen die Schamanen abwechselnd nachts ihre dunklen, geheimnisvollen Feuerzeremonien, deren Symbole sich Fremden nicht gleich erschließen. Während des Tages trafen sie sich auf den bunt blühenden Wiesen am Khuvsgul-See und sprachen erstmals offen untereinander über die Bedeutungen und Hintergründe ihrer Zeremonien, über ihr Leben und ihre Schicksale. Man kann sich nicht selbst zum Schamanen erklären, sondern man wird dazu ernannt und aufgefordert, meist reicht eine Generation dieses Amt innerhalb eines Clans der nächsten und übernächsten Generation weiter. Hin und wieder wird diese Entscheidung bereits im Kindesalter getroffen. Verbunden ist damit nicht nur ein Privileg, sondern auch die Last einer kräftezehrenden Verantwortung sowie ein langes Studium der Riten. Kein Schamane beschließt freiwillig, Schamane zu werden. Viele Schamanen haben schwere Krankheiten in Selbstheilung überwunden. Dieser Prozess hat in ihnen positive, kreative Kräfte wachsen lassen, die sie in der Folge auf die ihnen anvertrauten Menschen übertragen und starke Anstöße zur Selbstheilung geben. Wer immer das Amt des Schamanen übernommen hat, kann es nicht zurückgeben, und die neu zugewachsenen Kräfte könnten sich gegen ihn selbst richten.

Ursprünglich wurde es meist Frauen, den Idgan, überantwortet. Später waren es oft Herrscher und Clanführer, welche in Personalunion die Funktion auch des Schamanen, dem männlichen Boo, innehatten. Drei verschiedene Schamanentraditionen sind in der Mongolei überliefert: Die Schwarzen waren in der Regel Krieger und einfache Leute, Weiße entstammten der Aristokratie, und Gelbe übernahmen seit dem 16. Jahrhundert Elemente des Buddhismus, der seinerseits Aspekte der Schamanenkultur in Tibet und der Mongolei integriert hatte. Man nennt die tibetischen Schamanen Bön und die mongolischen Boo. Sie bildeten einst einen gemeinsamen spirituellen Kulturraum. Die mongolischen Schamanen gliedern die Welt in drei Teile: je nach Stammeszugehörigkeit in eine reale Welt, eine Ober- und eine Unterwelt. Die belebte Natur mit Menschen, Pflanzen, Tieren, Wasser, die Natur der Mineralien, sowie die spirituelle Natur. Alles hängt miteinander zusammen, alles ist belebt und hat eine verbindende Bedeutung. In allem und jedem wohnt eine spirituelle Kraft, alles ist beseelt: Stein, Feuer, Erde, Wind, Wasser, Pflanzen, Tiere, Mensch. Die zentrale Gottheit ist der blaue Himmel, und in den verschiedenen Schichten und Teilen des Himmels existiert eine Vielzahl von Geistern, Tengri genannt, deren Zahl meist mit 99 angegeben wird: 44 schwarze für die Frauen und 55 weiße für die Männer. Berge und Flüsse haben eigene Geister, die von der lokalen Bevölkerung verehrt werden. Die Schamanen sind Mittler, die wie eine Art Relaisstation in Trance zwischen den drei verschiedenen Welten kommunizieren und diese besonderen Fähigkeiten zum Wohl ihrer Gemeinschaft heilend, vorausahnend und Rat gebend einsetzen. Sie fragen Bäume um Erlaubnis, bevor sie gefällt werden, man darf auch Steine nicht ungefragt aus ihrer Umgebung entfernen. Sie reden mit dem Feuer im Sommer, um etwas über den Winter zu erfahren und ahnen dramatische Ereignisse voraus, sie bedanken sich bei den Tieren, die sie getötet haben, dass sie ihnen Nahrung geben und bedanken sich bei Mutter Erde für ihr Wohlwollen. Schamanen unterstützen ihre Mitmenschen dabei, in einer wunderschönen, aber auch harten Natur leben zu können. Dem rational orientierten Westeuropäer mag dieses Denken zunächst fremd erscheinen. Um die Welt zu verstehen, braucht es viele Formen der Intelligenz. Einige haben mit Intuition zu tun, andere mit Wissen und Erfahrung und damit, wie wir die Welt über unsere fünf Sinne wahrnehmen. Und diese Sinne sind zu unserem eigenen Schutz vor Überinformationen begrenzt:

Wir sehen und hören nur wenige Ausschnitte der Welt, nur Reflexionen der Realität. Nicht immer können wir ihnen restlos trauen, denn wir wissen längst nicht immer, was wir sehen, schmecken, riechen, fühlen und hören. Unser Wissen und unsere Wahrnehmung liegen oft im Widerstreit, und die Grenze zwischen dem, was wir als Realität und Nicht-Realität empfinden, ist oft genug unscharf. Schamanen haben einen eigenen Zeitbegriff: für sie gibt es in ihren Zeremonien nur eine Einheit mit dem, was wir als Vergangenheit, Gegenwart und Zukunft bezeichnen. Wir kennen hingegen die gemessene und ohne unser Dazutun verstreichende Zeit oder nehmen die erlebte Zeit als ein Phänomen an, das nur mit unserer Wahrnehmung zusammenhängt: Die Zeit wird danach erst durch das menschliche Bewusstsein erschaffen, es verhält sich ähnlich wie beim Geräusch eines stürzenden Baumes. Wenn niemand da ist, der es hören kann, dann ist die Welt stumm. Das Geräusch braucht das hörende Ohr als Gegenüber. Zeit braucht dann ein deutendes Bewusstsein, das die Differenz zwischen Ursache und Wirkung wahrnimmt.

Über das Wasser

Für einen Schamanen können Ursache und Wirkung vertauscht sein, im Gegensatz zu unserer Erkenntniswelt: Danach wächst z.B. der Baum in der einsamen Steppe nicht dort, weil es an dieser Stelle Wasser gibt, sondern das Wasser ist dort, weil der Baum dort wächst und dem Wasser eine Form gibt.

Das Wasser ist ein geheimnisvoller Stoff, Wasser ist nicht sichtbar, hat keine Form, wir können es nur durch die Reflexionen und Spiegelung der Umgebung sehen. Wasser hat viele Erscheinungsformen, es ist die sprudelnde Quelle, der Bergbach, der Wasserfall, der wild strömende Fluss, der breite träge Strom, Wasser ist der stille See, das aufgewühlte Meer, die romantische Lagune, aber auch die Wolke, der Regen, Hagel, Schnee und Eis. Die gesamte belebte Natur besteht überwiegend aus Wasser und ist ein gigantisches Form gebendes Filtersystem für das Wasser dieser Welt. Fast könnte man meinen, wir und die belebte Welt sind nur eine Erscheinungsform des Wassers.

Wir geben Wasser Gestalt, wie in einem utopischen Film über Aliens, die selbst keine Gestalt haben und sich eine Fremdgestalt aneignen. Wir brauchen zwar das Wasser als wichtigstes Element zum Leben, in der Gedankenwelt der Schamanen können jedoch Ursache und Wirkung vertauscht sein. Möglicherweise wählt das Wasser uns und nicht wir das Wasser. Wasser steht stellvertretend für die Schnittstelle zwischen metaphysischen und physischen Realitätsebenen, ist ideale Projektionsfläche religiöser Riten und kann als Beispiel dienen, wie Schamanen die Einheit in der Natur betrachten.

Das Schamanenritual

Unsere fünf Sinne vermitteln uns ein unvollständiges Bild der Realität. Sie sind zu unserem Schutz begrenzt: Wir dürfen dankbar sein, dass wir nicht alles sehen und hören und wir keine Sinnesorgane für Radioaktivität und elektromagnetische Wellen haben. Der Schamane kann diesen Schutzraum für den Moment seines Rituals verlassen und seine Wahrnehmung in Trance expandieren. Er kehrt anschließend zum Schutz seiner Sinne in diesen zurück. Unerlässlich ist dabei Hilfe seines Assistenten. Dieser stützt ihn, damit er im Taumel nicht ins Feuer stürzt, und er spricht mit den Ahnen, die durch den Mund des Schamanen als Relaisstation sprechen. Ein Schamane befindet sich während einer Zeremonie metaphorisch auf einer Reise. Ein Transportmittel ist die Maultrommel für eine Fußwanderung des Schamanen. Sein bemaltes Instrument ist sein »fliegendes Pferd« für den spirituellen Flug. Seine Stimme ruft in wiederkehrenden melodisch rhythmischen Motiven seine Vorfahren, die sich seiner Stimme bemächtigen und ihn mit fremder Zunge sprechen lassen.

Gespräch eines mongolischen Schamanen mit einem Baum

Oh, gnädiger Baum.
Meine Leute brauchen dein Holz.
Darum fälle ich meinen edlen Baum, ich fälle.
Doch nicht nur um zu fällen habe ich gefällt.
Ich habe gefällt, um das Holz zu gebrauchen.

Oh, gnädiger Baum.
Du wirst nicht für immer verschwinden.
Deine Zapfen werden wachsen, auch wenn du gehst
Ein Keimling wird wachsen. Für immer wirst du nicht gehen.
Ein edler Baum, wie du, wird wieder wachsen.
Oh, gnädiger Baum!

(Aus dem Mongolischen übersetzt von Bernhard Wulff)

Die Regenzeremonie

Letzte Anweisungen an die Helfer beenden die Vorbereitungen der bevorstehenden Feuerzeremonie, während der Schamane gelassen seine farbigen Tücher an die nahen Bäume und Sträucher knüpft, sicher wissend, dass es nach seinem Ritual regnen wird, wie von den Nomaden erbeten. Das Feuer aus Tierdung, Holz und Kräutern wird nach seiner Vorschrift entfacht, Wodka und Fleisch sind zum Verbrennen bereit, auf einem Tisch liegen gebackene Opfergaben und Süßigkeiten.

Der Schamane streicht seinen Umhang, seine Rüstung, ein letztes Mal zurecht und beginnt zuerst mit einer Maultrommel eine Introduktion, bevor er zur Trommel, gleichsam seinem Pferd greift, welches ihn auf seiner Reise in den Trancezustand tragen wird. Einen ruhigen Rhythmus schlägt er mit einem Tierfuß zu seinem Sprechgesang auf das gespannte Trommelfell einer Hirschkuh und tanzt zunächst gemessenen Schrittes, bevor er in einen Taumel schneller werdender Trommelschläge, mit plötzlichen Ausbrüchen, in rasche Tanzbewegungen übergeht. Teile seines Gesanges werden von den Teilnehmern, die sich um das Feuer versammelt haben, mehrfach wiederholt. Wodka, Fleisch und Kräuter verbrennen und verdampfen knisternd und zischend. Lokale Geistwesen fließen in seinen Körper, spirituelle Tiere, Wolf, Wasserschlange und Bär ergreifen Besitz von ihm. Keuchend sinkt der Schamane zu Boden, rafft sich wieder auf, ein unsichtbarer Widerstand muss überwunden werden, ein Kampf findet statt. Durch fortwährendes Trommeln und Tanzen in Trance versucht er, die Geister der Waldregion und die seiner Ahnen herbeizurufen und zu befragen. Schließlich sitzt er schwankend auf dem Boden und spricht mit fremder Zunge, mit der einer alten Frau. Ein Helfer in seiner Nähe bewahrt ihn davor, ins Feuer zu stürzen, und führt das Gespräch mit der sonderbaren Ahnenstimme, die aus dem Schamanen spricht, und ist diesem abschließend bei seiner Rückkehr aus der Entrückung behilflich. Starker Regen, auf den die Nomaden so lange gewartet haben, beendet nach einer Stunde die Zeremonie. Ratsuchende Gäste trifft der Schamane anschließend in seiner Jurte. Dass es regnet, wie vorhergesagt, mag als Zufälligkeit erscheinen. Zufall? Zu viele Zufälle lassen an den Zufällen zweifeln.

Der Rhythmus der Trommel und der schamanische Gesang erklingen heute in der Mongolei wieder ungestört und bilden wieder eine Brücke zwischen Wirklichkeit und Anderswelt.

Ehrenvolle Ernennung

Für das Treffen der Schamanen konnten nicht nur Vertreter aller Minoritäten gewonnen werden, sondern auch die von fünf bis dahin verfeindeten Familienclans. Dschingis Khans Macht gründete zunächst auf dem Zusammenschluss von fünf Sippen. Dies war die Grundlage für die erfolgreiche Eroberung des größten Weltreiches der Geschichte. Nach dem Tod von Dschingis Khan gab es Erbstreitigkeiten, und es begann eine 800-jährige blutige Feindschaft, die erst 2005 dadurch beendet wurde, dass die Schamanen bereit waren, an dem gemeinsamen Treffen teilzunehmen.

Zum Dank dafür, dass die Schamanen sich erstmals wieder friedlich begegnen konnten, sahen sie in mir als verantwortlichem Organisator einen Paten der Schamanen. Ich wurde von den Vertretern aller Minoritäten des Landes als erster Nichtmongole, als weißer Schamane, zu ihrem Kollegen mit einem Bären als spirituelles Tier ernannt.

Sie übergaben mir in nächtlicher Zeremonie eine magische Dose mit geheimnisvollem Inhalt, darunter insgesamt 128 gute Geister aus sämtlichen Landesteilen und erklärten, dass diese jederzeit um Hilfe gerufen werden könnten. Entfernung und Zeit spielten keine Rolle, sie sind an jedem Ort zu jeder Zeit sofort verfügbar. Die Gemeinschaft aller Schamanen vertraute mir ihre guten Geister an. Seither begleitet mich diese Dose auf jeder Reise in die Mongolei. Bei einer Schamanenzeremonie öffne ich vorsichtig den Deckel, denn auch Geister müssen einmal einen Heimaturlaub haben. Im Kreis hockten wir um das Feuer. »Das Feuer ist lebendig und du wirst mit ihm reden können«, erklärte Yura, die Älteste und Sprecherin der Schamanen. »Alles ist lebendig in den drei Schichten: die belebte Welt, mit Mensch, Tier, Wasser, Pflanze, die mineralische und die spirituelle. Das Feuer verbindet alle drei.« Unterdessen wurde ein junger, gelber Schamane der buriatischen Minorität auserwählt, eine Initiations- und Willkommensfeierlichkeit für mich zu machen. Er hatte Kerzen aus einem buddhistischen Kloster dabei, mit Butter gefüllte kleine Metallschalen, dazu einige Wodkaflaschen sowie Süßspeisen für die Geistwesen. Mit ruhigem rhythmischem Puls begann er seine Trommel zu schlagen und sang dabei mit auffallend schöner Stimme. Der Schamane spielte sich in einen taumelnden Dämmerzustand hinein, sein Oberköper wurde herumgerissen – unerwartet brach er seinen Gesang ab, und die Stimme einer alten Frau schrie aus seinem Mund. Ein Vorfahr war in ihn hinein gefahren und ließ ihn mit fremder Zunge sprechen. Die Frau nannte ihren Namen, der Gehilfe sprach leise mit ihr: »Sag uns, was du dir von uns wünschst.« »Ich brauche Wodka zur Reinigung, ich will trinken, trinken, trinken!« Rasch wurde dem Schamanen eine geöffnete Wodkaflasche gereicht, deren gesamten Inhalt er in sich hinein kippte. »Ich will mehr Wodka, ich brauche mehr!« schrie die Stimme der alten Frau. Eine zweite Wodkaflasche wurde geöffnet, und mit großer Geste wurde auch diese geleert. »Es ist ein fremder Mann im Raum, er soll zu mir kommen.« Ich wurde nach vorne geschoben und musste mich hinlegen, den Kopf auf dem Boden. »Du hast etwas Besonderes für uns getan«, sprach die krächzende alte Frauenstimme, »du bist einer von uns, ein weißer Schamane. Dein spirituelles Tier ist ein weißer Bär, weil dir einmal ein Bär dein Leben gerettet hat. Du bist der Pate der mongolischen Schamanen. Du bist verantwortlich für das saubere Wasser in unserem Khuvsgulsee, unserem Ozean. Du wirst alle notwendigen Instrumente erhalten, und man wird dir unser Wissen mitgeben für deine Reisen in die Anderswelt.«

Kaum machte die Stimme eine Pause, übernahm der Schamane den Fortlauf der Zeremonie mit hektischem Trommelrhythmus. Die Stimme rief wieder und wieder, der junge Schamane spielte immer schneller, die Trommel drängte ungestüm einem Ziel entgegen, erneut unterbrach die krächzende Stimme sein Spiel, aber sie schien schwächer geworden und im Begriff, sich zu entfernen. Der Schamane beruhigte sich und legte sich keuchend zur Seite. Leise sprach er mit seinem Gehilfen, der ihm zur Erfrischung etwas Wasser und eine Speise vom Ritualtisch reichte. Er wandte sich mir zu, sprach einige erläuternde Worte, und ich bemerkte, dass er trotz des übermäßigen Alkoholkonsums nicht nach Wodka roch und völlig klar im Kopf war. Spät in der Nacht kam Yura, die Schamanensprecherin, und übergab mir einen Beutel aus blauem Tuch. Darin war eine Maultrommel. »Sie wird dich auf deinen eigenen Schamanenflügen begleiten«, und wie zu einer erneuten Bestätigung, »wir alle haben sie überprüft: es ist ein lebendiges Instrument.« Damit legte sie mir dieses kleine blaue Päckchen behutsam in meine Hände, und es war mir, als wäre es gefüllt mit heißem Wasser. Ich fühlte mich großartig beschenkt – ein märchenhafter Moment. Aber gleichzeitig wurde ich unsicher, ob ich dieser Aufgabe und ihren Ansprüchen überhaupt gewachsen sein würde. Zweifelsohne war es eine große Ehre und ein Ausdruck des Vertrauens dieser Menschen. »Du bist ein weißer Schamane, und wir vertrauen dir. Du hast uns mit diesem Treffen geholfen, du bist unser Patenvater.«

Nur – wann bin ich einem Bären begegnet, der mir auch noch das Leben gerettet hat, das war mir noch nicht klar. Doch dann fiel mir eine Begebenheit ein, die mir in der Tat mit einem virtuellen Bären widerfahren war. Ich lag einige Jahr zuvor mit zwei durch eine infektiöse Krankheit gebrochenen Brustwirbeln im Krankenhaus und hatte unerträgliche Schmerzen. Kein Medikament half, kein Morphium: Insbesondere in den frühen Morgenstunden kam der Schmerz wie eine dunkle, große Wolke. Ich begriff, dass ich mich auf den Schmerz einlassen, mit ihm verhandeln müsste. Dazu musste ich ihn zuallererst akzeptieren und durfte mich nicht mehr gegen ihn wehren. Als die schwarze Wolke des Schmerzes den Raum füllte, begrüßte ich ihn improvisierend: »Hallo, Kamerad. Wir gehören zusammen und müssen uns arrangieren. Lass uns ein Geschäft machen: Ich gebe dir heute 30 Minuten und dafür lässt du mich eine Stunde schlafen! Ab jetzt!« Und ich klatschte in die Hände, wie zu einem Startsignal.

Die düstere Wolke verwandelte sich in einen schwarzen Grizzlybären, der seine Zähne und Krallen zeigte. »Mehr«, rief ich ihm zu. »Zeig mir, was du kannst, zeige mir, was in dir steckt!« Doch mehr kann ein Schmerz nicht leisten; er war schwarz und stark, aber nach 30 Minuten flaute seine Kraft ab, der Grizzly zog sich zurück, verwandelte sich in einen Teddybären, der davon trottete, sich noch einmal in der Ferne umdrehte und mich dann für eine Stunde schlafen ließ. Unsere Übereinkunft hatte funktioniert, und ich war froh, dass der Schmerz keine unbestimmte Macht mehr hatte. Am nächsten Tag zur gleichen Zeit tauchte er wieder auf: »Hallo, Kamerad. Gestern haben wir ein gutes Geschäft gemacht, heute machen wir ein besseres: Ich gebe dir 20 Minuten, und du lässt mich zwei Stunden schlafen.« Wieder zeigte mein schwarzer Schmerzgrizzly seine Zähne und Krallen und trottete nach zwanzig Minuten als Teddybär wieder davon. Nach einer Woche konnte ich dank dieses Spiels sechs Stunden schlafen und brauchte keine Medikamente mehr. In der Tat hatte mir ein Bär in einer sehr schwierigen Situation geholfen, hat mir vielleicht sogar das Leben gerettet. Diese spontane Entscheidung zur Autosuggestion hat den Schmerz aus seiner abstrakten Anonymität befreit und ihn personifiziert. Der Bär war einverstanden, und ich konnte mit ihm reden und verhandeln. Diese Erfahrung stand durchaus in der Tradition der Schamanen, die darüber berichtet hatten, dass sie alle ausnahmslos irgendwann in ihrem Leben eine schwere Krankheit durch Selbstheilungskräfte überwunden hatten und ihnen daraus ungeahnte neue Kräfte zugewachsen waren. Jetzt, einige Jahre später bei den Schamanen in der Mongolei, wurde mir bewusst, dass der Bär mein spirituelles Tier ist, weil er mich bereits einmal unterstützt hatte und es weiterhin tun würde. Später bekam ich weitere rituelle Instrumente, eine Trommel als Pferd für spirituelle Reisen, eine weitere Maultrommel, die über fünf Generationen für Riten benutzt wurde, seltene Silberschalen, Utensilien und Unterweisungen. Zudem erhielt ich die Erlaubnis, alle mir zuwachsenden Kräfte für Hilfesuchende auch in meinem Heimatland nutzen zu dürfen, und man übertrug mir die Verantwortung für das klare Wasser des Khuvsgulsees. Verbunden mit guten Wünschen warf man am nächsten Tag zum Abschluss mit Steinen beschwerte Tücher in den See, die sich sanft im klaren Wasser bewegten. Wer sich unvoreingenommen auf die Gedankenwelt der Schamanen einlassen kann, ist mit deren archaischer Ursprünglichkeit überraschend schnell vertraut. Vielleicht auch deshalb, weil sich viele Menschen das Gefühl erhalten haben, dass es jenseits unserer fünf Sinne ein Echo auf eine unbekannte Erfahrung gibt. Etwa wie eine Raupe, auf dem Boden kriechend, eine Ahnung haben könnte, bald als Schmetterling zu den Wolken zu fliegen.

Das Blitzlicht

Das erste große Schamanentreffen der Mongolei wurde vom Festival Roaring Hooves am großen See im Norden organisiert. Es kamen die Hauptschamanen sämtlicher Minoritäten des Landes. Tagsüber erzählten die Schamanen in einer Konferenz davon, wie sie zu solchen geworden waren, und von ihren Riten und Gebräuchen. In den Nächten wurden Feuer für eindrückliche Schamanenrituale entzündet. Nahende Wolken kündeten Gewitter an. Es blitzte in der Ferne, und am Feuer bereitete sich der erste Schamane auf seine Zeremonie vor.

Viele Einheimische mischten sich unter unsere Teilnehmer, um dabei zu sein. Schnell spricht es sich in der Gemeinschaft herum, wenn ein Schamane in der Nähe ist, und man nutzt die Gelegenheit, sich Hilfe, Rat und Heilung zu holen. Die Gäste wurden informiert, dass die Schamanen einverstanden seien, bei den Vorbereitungen fotografiert zu werden, keinesfalls aber während einer Zeremonie, schon gar nicht mit einem Blitz. In der Gästeschar befand sich auch Rakif Ismailov aus Aserbaidschan, der im Konzert am Vortag mit kraftvollem Spiel auf seinem Zarb-Saiteninstrument die hellfreudig rufenden Jauchzer des traditionellen Ashig-Gesangs und prallen Gluckser der Melodieketten begleitet hatte. Er hatte einen Fotoapparat dabei und stand in vorderster Reihe nahe dem Schamanenfeuer. Wir erklärten nochmals in mehreren Sprachen, dass die Vorbereitung nun beendet sei und ab sofort bitte keine Fotos oder Videos mehr gemacht werden durften. Der Schamane begann mit seiner Trommelzeremonie, tanzte, trommelte, rief seine Ahnen und sang sich nach und nach in Trance.

Rakif war fasziniert, aber niemand würde ihm in Baku je glauben, wenn er seinen Freunden erzählte, was er hier sah und erlebte. Er musste diese unglaubliche Zeremonie um seiner späteren Glaubwürdigkeit willen dokumentieren und zückte seine Kamera. Sein Blitzlicht erhellte den magischen Platz. Erschrocken murmelten die Mongolen etwas von Freveltat, und ein russischsprachiger Mongole übersetzte Rakif, dass nach solchen Vorfällen als Strafe schlechte Energien folgen würden. Rakif hatte verstanden, war aber froh, ein Beweismittel für spätere Erzählungen zu haben. Sowieso glaubte er nicht an solche Geistergeschichten. Das sollte sich bald ändern.

Die Nächte wurden kühl am See. Rakif begann zu frösteln und beschloss, rasch zu seiner Jurte zu gehen, um sich einen Pullover überzuziehen. Die Stromgeneratoren des Camps waren bereits verstummt, und es war finster in der Jurte. Vorsichtig duckte er seinen Kopf beim Eintreten, um nicht anzustoßen, denn die Tür ist ziemlich niedrig. Den Pullover hatte er schnell zwischen seinen Sachen ertastet, aber nie hatte er zuvor die Funken elektrostatischer Entladungen gesehen. Diese waren stark, die Funken prasselten, und Rakif war überzeugt, dass er brannte: die Strafe des Schamanen, schoss es ihm durch den Kopf. In Panik wollte er die Jurte verlassen, um dem Schamanen Abbitte zu leisten und ihn anzuflehen, das Feuer zu beenden. Er stürmte in der Dunkelheit zur Tür, schlug sich den Kopf am niedrigen Türrahmen an, was die Statik der Jurte etwas in Unordnung brachte, und zu guter Letzt fielen noch zwei oder drei Dachstangen auf ihn. Rakif glaubte, sein Ende sei nah. Schreiend rannte er auf den Feuerplatz: »Hilfe, ich brenne, und die Bäume fallen auf meinen Kopf.« Er drängte durch die

Menge und beschloss, sich sogleich dem Schamanen am Feuerplatz der Länge nach zu Füßen zu werfen und ihn um Vergebung zu bitten. Der Schamane hingegen war versunken in seinem Trommeltanz, murmelte seine Ahnengrüße und erschrak heftig, als sich plötzlich vor ihm ein Mensch in seiner ganzen Größe zu Boden warf und in fremder Sprache zu ihm sprach. Der Schamane schloss daraus, dass dieser einer dringenden Behandlung bedurfte. Eine kurze Peitsche, wichtiges Zubehör bei Ritualen, hatte er bereits in einer Hand. Er wandte sich dem ängstlich am Boden liegenden Rakif zu und schlug seine Trommel direkt an seinem Kopf mit dröhnenden Wirbeln und betäubendem Klang. Die kurze Peitsche sauste mit schnellen Schlägen auf Rakifs Rücken, ohne ihm wirklich weh zu tun, aber mit beeindruckender Wirkung. Kurz darauf erhob sich Rakif, dankbar, dass er nicht mehr brannte. Er bedankte sich bei dem Schamanen, der zu seiner Zeremonie zurückgekehrt war, und versprach, nie wieder bei einer ähnlichen Feierlichkeit zu fotografieren.

Bei den Tsaartan am Khuvsgulsee im Norden

»Wir haben keine Gesänge, keine Musik«, sagte die Schamanin auf die Frage nach den musikalischen Ausdrucksformen ihres Tsaartanstammes. Ich meinte mich verhört zu haben und fragte nochmals den Dolmetscher. »Unser Volk der Tsaartan kommt aus Sibirien; als vor circa 80 Jahren die Grenze zwischen Russland und der Mongolei gezogen wurde, blieben etwa 300 Familien auf der mongolischen Seite, unter ihnen war kein Sänger, kein Musikant, keiner, der in irgendeiner Form musizierte.« »Aber ihr singt bei Hochzeiten und euren Festen?« »Wir singen nicht, wir haben keine Gesänge, wir haben die Schamanentrommel.« Die Tsaartan leben nicht in mongolischen Jurten, sondern in einem Tipi, ähnlich denen der Native Americans, und ziehen mit ihren Rentieren durch die nordmongolischen Urwälder.

Wir saßen im Tipi um eine kleine Feuerstelle herum, und ich begann Kinderlieder und Gute-Nacht-Lieder zu singen. Sofort füllte sich das Zelt mit einigen Menschen, und ich gab das für mich eindrücklichste Konzert meines Lebens. Ich erinnere mich an staunende

Augen. Mit »Guten Abend, gute Nacht« schloss ich die kurze Darbietung. Die Schamanin dachte lange nach und beschrieb schließlich die Melodie von Johannes Brahms so: »Deine Töne klingen wie der Flug eines Vogels, der über einen Berg fliegt und auf der anderen Seite wieder ins Tal gleitet.« Wir blieben noch lange zusammen, und ich nahm die Einladung an, als Gast zwei Tage später dem mitternächtlichen Ritual der Sonnenwendfeier beizuwohnen.

Unser Fahrer begleitete uns dazu ins Tipi-Lager in der Nähe des Sees. Nach einigen Minuten Wanderung in finsterer Nacht durch das Unterholz kamen wir an eine Waldlichtung. Der Fahrer empfahl leise zu gehen, denn die Tsaartan haben in der Regel scharfe Hunde, die einen Fremden nur in Begleitung einer vertrauten Person akzeptieren. Er kündigte unser Kommen in respektvollem Abstand an und bat, die Hunde zurückzuhalten.

Das Tipi der Schamanin war bereits überfüllt. Normalerweise wäre der Raum für weniger als zehn Personen knapp ausreichend. Nun hatten sich alle Clanmitglieder bereits in dieser Enge versammelt, um der Sonnenwendzeremonie beizuwohnen. Ein Teil des Raumes war frei geblieben für die Zeremonie. Alles drängte sich beim spärlichen Flackerlicht einer einsamen Kerze, die große Schatten an die Wand warf. Im dichten Gemenge erhielten wir einen Platz zugewiesen, in einem Knäuel von Beinen, Füßen, Armen. Die Füße eines Nomaden verknoteten sich mit meinen und denen einer benachbarten Frau. Auf der gegenüberliegenden Seite des Eingangs war eine Freifläche für die Schamanin geblieben, die sich auf ihre Zeremonie vorbereitete. Eine Helferin begann sie im Halbdunkel einzukleiden. Es war zu voll und zu dunkel und wirkte gespenstisch beklemmend. Als mich die Schamanin erblickte, bat sie mich, noch einmal »Guten Abend, gute Nacht« zu singen. Sie kleidete sich weiter an, und es lag eine gespannte Ruhe über dem Raum. Sie begann mit einem Hirschfuß leise ihre Trommel zu spielen.

Vorsichtig begann sie ihre spirituelle Reise, ihren Flug zu ihren Ahnen mit gleichmäßigen Schlägen, jeder fünfte Schlag erhielt einen leichten Akzent, und der Rhythmus bekam etwas Schwebendes. Das Spiel wurde schneller, hektischer, die Akzente stärker, und langsam begann sie einen taumelnden Tanz, ihr Körper drehte sich schwankend. Immer von der Helferin gestützt torkelte sie auf dem freien Platz, dem man ihr für ihre Zeremonie gelassen hatte. Einigen Teilnehmenden trommelte sie direkt lautstark vor der Stirn, unterbrach abrupt den pochenden Rhythmus, um mit einer kleinen Peitsche mit kurzen Lederriemen auf deren Rücken zu schlagen. Sofort trommelte sie weiter, rascher im Tempo und mit stärkerem Nachdruck, drehte sich im Kreis und begann, in einer Mischung zwischen Stöhnen und Sprechgesang ihre Ahnen zu rufen. Für uns waren kleine Gesten, Signale immer ein wichtiger Hinweis auf positive oder negative Informationen. Wenn eine Schamanin während einer Zeremonie stürzt, ist es ein schlechtes Omen. Sie fiel zweimal in gleiche Richtung auf einen in der ersten Reihe hockenden Mann. Der schwankende Tanz und die pochende Trommel waren vorüber, die Schamanin sank keuchend zu Boden. Die Helferin war die erste, die sie fragte: »Was hast du erlebt, wie war deine Reise? Hattest Du einen guten Flug?« Die Schamanin hatte sich inzwischen eine Zigarette genommen und war offensichtlich völlig erschöpft und bedrückt. Sie murmelte: »Es war schrecklich, eine starke, dunkle Macht hat mich heruntergezogen auf den Boden.« Sie deutete in die Richtung des Mannes, auf den sie zweimal gefallen war. Mir stockte der Atem, denn der Sturz einer Schamanin bedeutet Gefahr. Man blieb noch eine Weile, die Schamanin wurde mit Fragen überfallen: »Wie wird es meiner Familie gehen, wie meinen Rentieren, wird die Großmutter auch im nächsten Jahr noch leben?« Nach und nach erholte sich die Schamanin und fing an, freundlich Auskunft zu geben. Es schien, dass jeder mit ihrem Rat zufrieden war.

Am nächsten Tag mussten wir bereits bei Sonnenaufgang weiterfahren und wollten noch ein paar Stunden schlafen. Wir brachen auf, und ich bat darum, dass uns jemand an den Hunden vorbei durch den Wald begleitete. Der Mann, auf den die Schamanin während der Zeremonie zweimal gefallen war, begleitete uns durch den finsteren Wald, vorbei an den schlafenden Hunden. Und er erzählte uns, dass er von weit her angereist war, um die Schamanin zu seinem kranken Kind in seine Jurte zu bringen. Sie hatte zugesagt, ihn am nächsten Morgen zu begleiten. Seine ganze Hoffnung ruhte auf der Kraft und der Kompetenz dieser Schamanin. Wir verabschiedeten uns mit den besten Wünschen für eine gute Besserung seines Kindes und wussten nicht, dass die Geschichte damit keinesfalls beendet war, sondern eine harte Wendung nehmen sollte.

Wir brachen sehr früh auf, kurz nach Sonnenaufgang waren wir bereits im Jeep unterwegs. Hier konnte man nur langsam fahren: Der Fahrer suchte sich im Schritttempo seinen Weg über holprige Baumwurzeln, und wir erblickten in der Ferne ein Auto, das uns entgegen kam. Es war einer dieser russischen Minibusse, leicht, wendig und extrem praktisch in unwegsamem Gelände. Beide Autos hielten aufeinander zu, stoppten nebeneinander, und der Busfahrer fragte uns nach dem Weg zu der Schamanin. Sie waren gekommen, um sie zu dem kranken Kind zu bringen, aber es war nicht mehr nötig, denn die kleine Tochter war in der vergangenen Nacht verstorben. Ich rechnete nach: Das Mädchen starb in dem Moment, als die Schamanin auf den Vater fiel. Mir wurde kalt. Wir alle hatten diesen Augenblick genau beobachtet, den zweifachen Sturz. Jeder im Raum hatte sich seine Gedanken darüber gemacht. Die eigene Phantasie wurde von der Realität überholt. Ich hatte der Zeremonie am Vorabend noch mit einer respektvollen Distanz folgen können. Die Nachricht des Fahrers war die grausame Erfüllung der Befürchtungen der Schamanin, über die sie nach der Zeremonie gesprochen hatte. Beide Erlebnisse vom Abend und Morgen trafen sich brennpunktartig in einer Erkenntnis: Die Zeit verschob sich, sie wurde gefaltet, die Grenzen zwischen Imagination und Realität, der Umkehrung von Ursache und Wirkung brachen mit Härte in den Alltag ein. Wir wussten bereits mehr als der Vater, der noch voller Hoffnung bei der Schamanin gewartet hatte.

Yollin-Am, das Gletscherkonzert

»Ihr habt einen großen Frevel begangen«, sagte der Schamane Byambedorj zu den drei Engländern der Red Earth-Gruppe am Abend in seiner Jurte. »Ich bin dafür verantwortlich, die Berg- und Wüstengeister zu beruhigen, damit euch und den übrigen Festivalteilnehmern der Musikkarawane auf der Reise durch das unwegsame Gelände der Gobi nichts passiert. Ihr habt meine Arbeit gestört, die Berggeister sind zornig. Erkundigt euch, wenn ihr in fremde Länder geht, nach deren Sitten und Gebräuchen.« Die drei Angesprochenen entschuldigten sich wie ertappte Kinder, nahmen den versöhnlich angebotenen Wodka aus der Hand Byambedorjs entgegen und zogen sich in ihre Jurte zurück.

Zu den Ausdrucksformen zeitgenössischer Kunst gehören insbesondere seit den 70ern die Performance und die Installation: eine Gratwanderung zwischen Ritual und Ästhetik, Bewegung, Zeichen, Symbolen, Licht und Klang, die je nach Konzeption oder kulturellem Umfeld eindrücklich oder auch durchaus missverständlich sein kann. In westlichen Ländern mit ihrem gewaltigen Verfall der Traditionspflege und einer damit einhergehenden Sehnsucht nach rituellen Zeichen und Symbolen hat die Verwendung traditioneller Klangkörper anderer Kulturen einen exotischen Reiz. Ein Mongole hat eine andere Wahrnehmung, insbesondere dann, wenn Zitate aus der eigenen Musik- oder Tempelkultur in einem ihm fremden Zusammenhang verwendet werden: Schneckentrompeten aus einem Tempel bleiben rituelle Instrumente, auch dann, wenn sich westliche Künstler nur ihres Klanges bedienen, und Feuer und Steine haben ein Eigenleben. Bedenkt man so etwas nicht, kann eine Performance von unzähligen Fettnäpfchen umstellt sein. Die Engländer hatten mit ihrer Performance eine Gratwanderung zwischen Ritual und Ästhetik beschritten, sie hatten Steine geschlagen, Sand verstreut, Feuer in einem Metallkorb mit langer Kette über ihre Köpfe geschleudert, Eis zerbrochen – und unseren Schamanen und die Berggeister zornig gemacht.

Wie in jedem Jahr sorgte Byambedorj für gutes Wetter, traf mit den Berg- und Wüstengeistern seine rätselhaften Übereinkünfte, um uns sicher durch die Gefahren einer Wüstenreise durch die Gobi zu geleiten.

Am Vorabend unseres Gletscherkonzerts präsentierte der Schamane seine Zeremonie für gutes Wetter und eine sichere Reise; es wurde allerlei in einem großen Feuer verbrannt. Mit scheuer Distanz nahm man einige angebotene Reiskörner in die Hände, ließ sie nach seinen Angaben kreisen und murmelte auf ein Zeichen des Schamanen seine unverständlichen Zaubersprüche als Refrain.

Byambedorj ist das Oberhaupt der mongolischen Schamanen und sitzt gleichrangig neben dem Dalai Lama, dem geistigen Oberhaupt der mongolischen Buddhisten. Er wurde selbst vom Präsidenten um Rat gefragt, wenn dieser Gäste empfing, er reinigte den Ort des Treffens und sorgte so für friedliche und erfolgreiche Ergebnisse.

Er ist von großer, stattlicher Statur, trägt einen langen Pferdeschwanz und sein mongolisches Prachtgewand mit Stolz. Er beobachtet die Welt aus fast geschlossenen Augen und ist ein stiller, freundlicher Herr mit überraschenden Behandlungsmethoden, wenn man ihn um Rat bittet. Eine lästige Angina behandelt er durchaus mit lockeren, nicht schmerzhaften Peitschenhieben, begleitet von einem kraftvollen »Hutsch, Hutsch!«, danach folgt das rituelle Gespeie, eine Wodka-Dusche: Dazu nimmt er einen bedrohlich großen Schluck Wodka, den er schnell dem überraschten Patienten ins Gesicht sprüht. Es folgt die anschließende Ermahnung, sich drei Tage nicht zu waschen. Das sind überraschende Impulse, die Selbstheilungskräfte zu wecken. Anfangs betrachtete ich Byembedorjs Handlungsweisen mit abwartender Distanz und der Skepsis eines unwissenden Europäers. In langen Gesprächen während vieler Treffen hat er mir seine Aufgabe, seine Last und sein Los geschildert, und ich bekam langsam eine Ahnung von seinem Wirken als Schamane, erfuhr vieles über die Ergebnisse seiner Rituale und füge mich inzwischen der Erkenntnis, dass dieser Mann über ein Wissen und Fähigkeiten verfügt, die sich nicht mehr mit Zufälligkeiten erklären lassen. Es war, wie von ihm vorausgesagt, sonniges Wetter rund um Yollin Am, als wir diese sonderbare Gletscherschlucht erreichten, dieses Wunder in der Wüste. Yollin Am ist ein Gebirgszug in etwa 2.000 Metern Höhe, in dessen schmaler, schattiger Schlucht das Gletschereis auch im Sommer überlebt. Bevor man diesen zauberhaften Ort erreicht, die Bühne unseres Gletscherkonzerts auf dem Eis vor einem natürlichen, sonnigen Amphitheater, gilt es, alle Instrumente vier lange Kilometer durch die Schlucht über den Firn zu tragen, mit dem Kontrabass über die Gletscherspalten zu springen und die Pferdekopfgeige sicher über das rutschige Eis zu bringen. Aufgeregt eilen die Musiker und die berittenen mongolischen Gäste durch die Schlucht; nach einer scharfen Linkskurve gibt diese überraschend den Blick auf die Bühne frei und öffnet sich zu einem der schönsten und klanglich eindrücklichsten Orte, der sich denken lässt. Eis, Felsen, Adler, Musik, Zuschauer, mongolische Modenschau mit hohen Schuhabsätzen, unser holländischer Künstler entkleidet sich und spielt nackt in der Kälte, ein litauischer Saxophonist steigt in die Gletscherspalte und bringt das Eis zum Klingen. Flötenmusik für die Adler, Fagotttöne zum Mitsummen, Cage für die Schlucht, jubelnder Urtin Duu-Gesang für den Berg. Die Grenze zwischen Bühne und Zuschauer verwischt, jeder ist glücklicher Teilnehmer dieses einmaligen Ereignisses, einem Fest der Sinne mit nie gesehenen Eindrücken, die sich jeglicher Reproduzierbarkeit entziehen, jeder nimmt seine eigenen Bilder für sich mit. Und dazwischen der Schamane Byembedorj, der mit kritischem Blick den abschließenden Aktionen der britischen Aktionskünstler folgt, die im Begriff sind, eine frevlerische Tat an diesem heiligen Ort zu begehen, mit pseudorituellen Gesten während ihrer Performance auf dem Eis, die anschließend für kontroverse Diskussionen bei Zuschauern und Teilnehmern sorgten. In allerletzter Sekunde vor ihrem Auftritt konnte gerade noch verhindert werden, dass rotes Erdpulver aus englischem Boden über den heiligen Gletscher gestreut wurde. Dann nahm alles schicksalhaft seinen Lauf:

Der erste Spieler entzündete Weihrauch in einer kleinen Opferschale, während der zweite laute Rufgesänge von sich gab und der dritte ein Feuer auf dem Eis entfachte und mit großer Geste Eisbrocken am Felsen zerschmetterte, eine Freveltat an einem Ort, der den Mongolen heilig ist, der nicht verletzt werden darf. Eine eiskalte Stille war zu spüren; atem- und sprachlos folgten die Mongolen diesem Vandalentreiben der Fremden, die sich keiner Schuld bewusst nur ihren konzeptionellen Ideen folgten.

Die Antwort kam unmittelbar und dramatischer, als es sich ein Filmregisseur trauen würde, darzustellen: Ein unerwarteter Donnerschlag ließ das Tal erzittern, nach einem zweiten war das Konzert vorbei, fünf Adler kreisten über dem Bergkamm und brachten im Gefolge eine schwarze Regenwolke mit sich, die sich minutenschnell in einem Guss entlud. Hastig packten wir alle Instrumente ein, eilten zurück über den Gletscher, rutschten beladen mit Gerät vorbei an dem Bergschrund, vorbei an mongolischen Händlern, die im strömenden Regen noch rasch Souvenirs verkaufen wollten. Es war viel zu glatt, um sich auf dem Eis sicher bewegen zu können, also zogen wir rasch die Strümpfe über die Schuhe, um besseren Halt zu finden. Völlig durchnässt erreichten wir die Fahrzeuge und stellten mit Erschrecken fest, dass die schmalen Bergwege, auf denen wir zuvor angereist waren, von reißenden Wassermassen weggespült waren. Der Berg meinte es offenbar ernst. Die Fahrzeuge rutschten seitlich die Böschung hinab, blieben im Schlamm stecken und mussten mit vereinten Kräften wieder angeschoben werden. Nach langer Irrfahrt durch das Tal erreichten wir die Ebene, die sich in eine Wasserfläche verwandelt hatte und die Wege und Unebenheiten verdeckte. Geländegängige Jeeps schleuderten um ihre Achse wie auf Glatteis, es war gefährlich und bedrohlich.

Die naturverbundenen Mongolen fühlten einen Zusammenhang zwischen der Performance der Engländer und der Antwort der Berge. Die Mutter der verantwortlichen Festivaldirektorin betete im Auto laut zu den Berggeistern: »Meine Tochter ist verantwortlich dafür, sie hat diese fremden Menschen zu euch gebracht; sie haben euch missachtet. Ich bedaure es sehr; verschont uns bitte mit weiteren Strafen!« Viele Tage blieben die zornigen Regenwolken über diesem Tal.

Die Bausteine der Welt

Wir haben die Kenntnis von den einenden Kräften der Elementarteilchen der Materie, die überraschenderweise auch melodische Beziehungen haben: Die schnellen Vibrationen der Moleküle, ein Spin, lassen sich als Frequenzen definieren, und als Musiker weiß man, dass eine Frequenz immer auch eine Tonhöhe bedeutet – und sei sie auch im unhörbaren Bereich. Fluor zum Beispiel hat die Spin-Frequenz von ca. 57 Millionen Hertz (Schwingungen pro Sekunde), was in etwa einem Ton »A« entspricht. Phosphor kommt mit 24 Millionen Hertz einem Fis nahe. Das ergäbe bereits einen Tonschritt für eine imaginäre Musik. Was wir als Realität der Dinge sehen, ist also nur eine Erscheinungsform für die Wahrnehmung durch unsere limitierten fünf Sinne und allenfalls eine Reflexion von Realität. Es ist dementsprechend sozusagen auch eine Melodie der Elementarteilchen, welche die Welt zusammenhält: Ein unhörbarer Gesang im Mikrokosmos. Schon die alten Griechen entdeckten die musikalischen Intervallproportionen der Gestirne und sprachen vom unhörbaren Gesang im Makrokosmos. Und plötzlich sind wir mitten im alten Wissen der Schamanen und an der Grenze der modernen Technik. Es ist nur ein anderer Begriff für das, was die mongolischen Schamanen meinen, wenn sie sagen, dass alles belebt sei. Alles ist auch miteinander verbunden, ja, verwandt im Reich der Schwingungen und Frequenzen, was bedeutet, dass alle Materialien, die lebendigen und die nicht-lebendigen durch Resonanz verbunden sind. Damit schließt sich möglicherweise ein Kreis zwischen uraltem Wissen und technologischer Innovation: im Gesang der Moleküle, im Gesang der Planeten, im Gesang des Mikro- und des Makrokosmos. Die Zeremonien der Schamanen sind die verbindenden Melodien in den Harmonien der Welt.

Sie öffnen uns ein zusätzliches Fenster zur Erkenntnis. Die Schamanen vermitteln in dieser Welt durch Dialoge mit der Natur, weitsichtig und mit einem in eine unbestimmte Ferne gerichteten Blick. Man erkennt sie an ihren Augen.

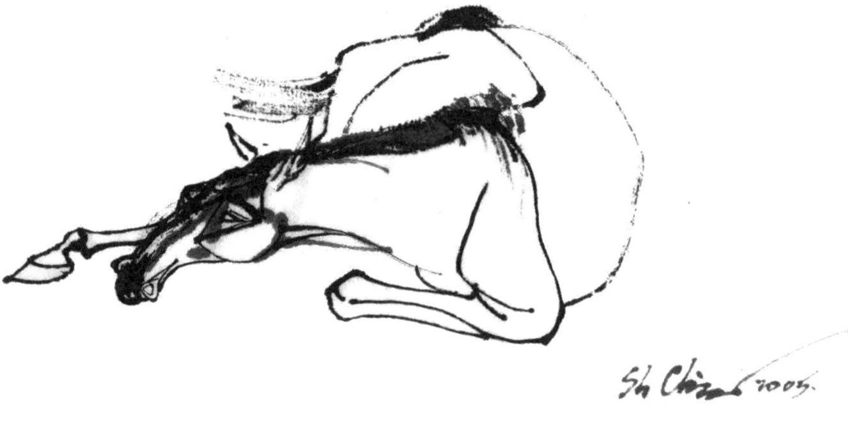

Kapitel V

Papisan – eine Reise zu den Obertongesängen

Das Altaigebirge hat weite Täler und tiefe Töne. Byan Ulgii ist eine staubige Provinzstadt im Altaigebirge. Eine zweimotorige Maschine hatte uns nach einem fünfstündigen Flug von Ulan Bator hierher, in den äußersten Nordwesten der Mongolei gebracht.

Wir wollten den Obertonsänger Papisan treffen und vor allem hören. Er gehört zur tuwinischen Minorität der Mongolei und sei einer der besten Obertonsänger des Landes, hieß es. Bereits Jahre zuvor organisierten wir in Ulan Bator die erste Konferenz sämtlicher Obertonsänger in der Geschichte der Mongolei, mit Gästen aus dem angrenzenden Tuwa im Norden, aus der inneren Mongolei im Süden, auch aus Japan. Die Mongolen hatten zu diesem Zeitpunkt etwa hundert Obertonsänger, über das Land verteilt und nicht organisiert. Die Tuwiner hingegen konnten bereits auf 1.500 registrierte verweisen. Es war ein historischer Moment, in dem sich alle zum ersten Mal begegneten, noch nie hatten sie aufgrund der weiten Distanzen eine Gelegenheit erhalten, sich zu treffen. Nun kamen sie als Gäste der New Music Association und gründeten sofort den ersten Verein der mongolischen Obertonsänger und ein später sehr erfolgreiches Ausbildungskonzept für die Hochschule für Kunst in Ulan Bator nahm hier seinen Anfang.

Der Obertongesang

Zwei Herkunftsvarianten des Oberton- oder Chöömij-Gesanges werden diskutiert: in Beziehung zu den tibetischen Klöstern, vom Süden her kommend oder als Erweiterung einiger schamanistischer Gesangsformen zum Zwiegespräch mit der Natur aus dem Norden. Da die tiefen »Strohbässe« der buddhistischen Mönchsgebete keine melodischen Obertonstrukturen anstreben, sondern diese nur zufällig als Produkt und Naturphänomen der tiefen Töne entstehen, erscheint die Variante plausibler, dass die Herkunft des mongolischen Chöömij-Gesangs aus dem Norden stammt, vermutlich abgeleitet aus alten Schamanenzeremonien. Zentrum des Obertongesanges ist das Altaigebirge und das angrenzende Tuwa auf russischer Seite. Tuwa ist ein Teil des mongolischen Kulturraumes, allerdings mit stark ausgeprägten Rivalitäten: Man stiehlt sich nicht nur gegenseitig das Vieh von den grenznahen Weidegründen, sondern ist in starker Konkurrenz in der Vermarktung und Urheberschaft des Obertongesanges. Da gilt man im Ausland gerne als Mongole, während man sonst als tuwinische Minorität ausdrücklich Wert darauf legt, kein Mongole zu sein, was in der Rezeption im Westen immer wieder zu Missverständnissen führt, dass nämlich einzelne Künstler oder Autoren aus Tuwa oder China im Ausland als Vorzeigemongolen Karriere machen können, aber in der Mongolei überhaupt keine Rolle spielen.

Der Chöömij-Gesang ist ein Mitglied einer Familie, die wir als Obertongesang bezeichnen. Obertöne oder Teiltöne sind ein Naturphänomen und kommen überall auf der Welt vor, wo mit Hilfe eines Instruments oder der Stimme die Luft in Schwingungen versetzt wird. Eine schwingende Saite z.B. erzeugt in ihrer Gesamtlänge den Grundton, aber sie schwingt nicht einfach nur hin und her, sie schwingt auch in kürzeren Teilbereichen unterschiedlich schnell. Die dadurch entstehenden leiseren Begleittöne sind die Obertöne. Wir hören diese in der Regel nur als Klangfarbe eines Grundtons: Die verschiedenen Farben zwischen dem Ton einer Flöte und einer Klarinette zum Beispiel entstehen durch eine unterschiedliche Struktur ihrer Obertöne. Auch die Unterscheidbarkeit der menschlichen Stimmen entsteht durch die individuelle Struktur der Obertöne.

Obertöne sind wie das Licht um uns herum: Es birgt in sich die Summe der Grundfarben. Ein Prisma oder ein Regenbogen öffnet uns für einen Moment den Blick auf die uns umgebenden Farben des Lichts. Mongolischer Chöömij-Gesang ist wie ein akustisches Prisma – ein natürliches Filtersystem des singenden Kehlkopfes, mit dessen Hilfe unhörbare Obertöne in die Welt unserer Wahrnehmung gebracht werden. Dieses Filtersystem ist der natürliche Vorfahr unserer Klangfilter in elektronischen Instrumenten. Jeder einzelne Ton hat seine individuelle Obertonstruktur; einige sind härter, manche weicher, die Summe der Obertöne bestimmt den Klangcharakter und macht den Grundklang individuell und lebendig.

Der Chöömij-Gesang bietet auch eine Hilfe zur meditativen Konzentration und dient, wenn auch sekundär, als Vermittlung einer musikalischen Idee, z. B. einer Melodie. Es ist ein völlig anderes Musikkonzept als das der europäischen Musik: Dort geht es um den sinnvollen Weg von A nach B, die Musik dient als Transportmittel einer Idee oder eines Textes. Im Obertongesang steht die Virtuosität der Tonerzeugung im Vordergrund. Das, was man in europäischen Konzerten rasch als Virtuosität um der Virtuosität willen bezeichnet, ist hier Konzept.

Die ungewöhnliche Verwendung des menschlichen Kehlkopfes als eine Art Naturfilter der menschlichen Stimme, sozusagen eine prä-elektronische Musik und damit ein uralter Verwandter der elektronischen Filter unserer Zeit, macht das akustische Naturgesetz der Obertöne mit einem einzigartigen Kunstgriff hörbar. Dem Sänger gelingt mit der Verfremdung seiner Stimme und der Aufteilung in ihre Obertöne gleichzeitig auch eine größere Nähe zur Natur, indem er das Naturhafte und die komplexen Phänomene der Akustik wie mit einem akustischen Prisma auf einmalige Weise hörbar offen legt.

Die vielen Konzerte der Sängerkonferenz wurden sofort als Wettkampfbühne genutzt, in aufschlussreichen Gesprächen diskutierten die Sänger über Unterschiede, Gemeinsamkeiten und neue Unterrichtskonzepte. Da alle Obertonsänger inzwischen ihre Stimme mit Hilfe von Mikrofon und Lautsprecher verstärken, wird das Original schwächer. Wir entwickelten deshalb für den Gesangswettbewerb Kategorien mit sportlichen Elementen: Neben der künstlerischen

Bewertung gab es eine Kategorie des höchsten Tones und des Distanzsingens: 60, 90 und 120 Meter, bewertet von einer internationalen Jury. Als künstlerisches Fazit konnte konstatiert werden: Die Mongolen haben insgesamt die kraftvolleren Stimmen und die glanzvollere Stimmtechnik, die Tuwiner pflegen das variantenreichere und abwechslungsreichere Singen.

Der viel gerühmte Obertonsänger Papisan kam damals nicht. Er traute sich offensichtlich nicht, seinen Wohnort zu verlassen, jedenfalls war er bis dahin noch nie bis in die Hauptstadt seines Landes gekommen. So blieb er eine Legende, von der man immer mal wieder hörte, den aber kaum jemand außerhalb seiner Provinz je gehört hatte.

Er lebt in Tsengel, im äußersten Zipfel der Mongolei, dort wo Kasachstan, China und Russland der Mongolei am nächsten sind und – wie man so sagt – am Ende der Welt, wo sich nicht einmal der Fuchs und der Hase begegnen, so paradiesisch schön und abgeschieden ist es.

Es war Winter und eine längere Fahrt lag vor uns. Tsengel liegt im Winter ungefähr eine Tagesreise von Bayan Ulgii, der Provinzhauptstadt, entfernt. Wir wollten Papisan kennenlernen und zu unserem Musikfestival im Juni in der Wüste Gobi einladen.

Mongolen reisen nicht viel im eigenen Land, es sei denn, sie besuchen Verwandte in der Steppe. Sie kennen deshalb ihr Land nicht besonders gut. Wer in Ulan Bator wohnt, bleibt auch dort und bewegt sich im Verlaufe seines Lebens kaum mehr als im Umkreis von 60 Kilometern um die Hauptstadt herum. Unser Festival in der Gobi ist für die beteiligten Mongolen oftmals die erste Gelegenheit, eine andere Provinz kennen zu lernen, und Papisan sähe endlich einmal die Wüste Gobi und könnte Verwandte in der Hauptstadt besuchen.

Die Täler im Altai haben sich eine Art Mikroklima auch im Winter bewahrt: Beim Überflug erkannte man deutlich, dass einige Täler schneefrei, andere zugeschneit und unzugänglich aussahen. Ein seltsames klimatisches Phänomen, das uns später nochmals beschäftigen sollte.

Nach unserer Ankunft zur Mittagszeit trafen wir den Mann, der uns die nächsten drei Tage begleitete. Es stellte sich heraus, dass unser Fahrer den Wohnort von Parpisan und auch die Strecke dorthin gut kannte, und er sicherte auch zu, unterwegs ihm bekannte Familien zum Übernachten anzufragen. Solche Fahrer sind in der Mongolei Gold wert.

Bereits am späteren Nachmittag brachen wir auf.

Der Adler

In dieser Gegend lebt, neben den verstreuten Tuwinern, ein Großteil der kasachischen Minorität der Mongolei. Kasachen haben auch Rundzelte, wie die mongolischen Jurten, doch mit auffallend verzierten Innenwänden und steileren Dächern. In deren Regionen gibt es höhere Niederschläge, und das Wasser kann auf einem steileren Dach schneller ablaufen. Die Jurtendächer der Mongolen in den weiten Steppen der Gobi sind hingegen extrem flach, um den Stürmen keinen Widerstand zu bieten.

Eine Schotterpiste führt uns aus der Stadt hinaus, und es beginnt eine Fahrt durch eine grandiose Berglandschaft. Ein faszinierendes Farbenspiel der Gesteine, das gleißend helle Licht der Sonne, der krachend blaue Himmel. Ein Fest für die Augen!

In der Mongolei gibt es noch 300 Familien, die mit einem Adler jagen. Wir wollten nicht unbedingt schnell zu unserem Ziel, sondern auf dem Weg dorthin möglichst auch gerne eine Familie kennen lernen, die noch mit dem Adler zur Jagd geht.

Am Ende eines verzweigten Weges auf dem Berg angekommen wohnte eine mit dem Fahrer befreundete Familie. Sie hatten mehrere stolze Adler: sechs Kilogramm schwer, werden sie auf dem gestreckten Arm zur Jagd getragen. Eine anspruchsvolle Aufgabe, wenn auf einen Berg geritten wird. An geeigneter Stelle wird dem Vogel die Augenkappe abgenommen und der Adler ergreift nach schnellem, lautlosem Flug einen Fuchs oder ein Kaninchen – gelegentlich auch einen jungen Wolf. Die Adler werden als Jungtiere aus einem Nest geholt, trainiert und nach einigen Jahren der Arbeit als Jagdpartner wieder in die Natur entlassen, bevor ein neues Jungtier aus einem Adlernest geholt wird. Der stolze Vogel bleibt also nicht sein ganzes Leben in Gefangenschaft. Inzwischen dient die Adlerjagd nicht mehr dem Überleben, es ist vielmehr traditioneller Gemeinschaftssport der Männer.

Schach in den Bergen

Wir kamen nur langsam voran und bevor die Dämmerung einsetzte, fragten wir im Blockhaus einer kasachischen Familie nach einem Nachtlager. Diese Familie hielt im Winter ihre Tiere in einer Einzäunung, und in einem Stall hatte man im Sommer Futter für die Versorgung der Tiere im Winter gesammelt.

Es gab außer der Fütterung der Tiere für den Mann des Hauses wenig zu tun. Der Innenraum war dunkel und nur von einer einsamen Kerze beleuchtet. Der Vater der Familie trat auf uns zu, ein schlanker Mann mit wettergegerbtem, dunklem Gesicht, begrüßte uns freundlich und setzte sich sogleich wieder an den Tisch, auf dem ein Schachspiel bereitstand und lud mit einladender Geste uns zu sich an das Schachbrett. Wohl dachte er, dass er endlich einen Gegner hätte.

Die Familie muss es überdrüssig geworden sein, gegen ihn immer verlieren zu müssen, und so brütete er den ganzen Winter alleine über einem Schachproblem, bis wir als Fremde über die Schwelle der Tür traten. Er ging rasch hinaus, ein Schaf für uns zu schlachten, und sagte nach seiner Rückkehr, dass wir so lange Schachspielen werden, bis das Schaf gar gekocht wurde. Ich bin kein guter Schachspieler und prompt verlor ich gegen ihn, sehr zu seinem Wohlwollen. Ich verlor einmal, ich verlor zweimal. Mit Mühe gab es ein Remis. Ich verlor praktisch jedes Spiel. Der Gastgeber wurde darüber ausgesprochen fröhlich und kostete jeden Sieg mit einem gut gefüllten Glas Wodka. Den ganzen Winter hatte er geübt und trainiert, seine Familie musste gegen ihn antreten, die Kinder, die Frau und die Nachbarn, wenn sie zu Besuch auf ein Glas Wodka kamen. Er war ein durchtrainierter Schachspieler der besonderen Klasse, kompetent und gerissen in seinen Strategien. Geschult seit seiner Kindheit an Schachproblemen. Ich begegnete hier einem Vertreter der alten sozialistischen Pädagogikkonzepte: Schachspielen war in allen Schulen des Ostblocks – so auch in der Mongolei – ein Pflichtfach. Ein Schachspieler, der im Winter nichts anderes zu tun hat als einmal am Tag die Tiere zu füttern und den Rest des Tages seine Probleme am Schachbrett zu lösen, ist nicht so einfach zu schlagen. Nach einer Stunde des Verlierens wurde meine Qual durch das aufgetischte Schaffleisch abgebrochen. Wenn für einen Gast ein Schaf geschlachtet wird, isst man praktisch alles vom Tier, insbesondere seinen Fettsteiß und seinen Kopf. Dieser lag gekocht auf den Tisch, neben ihm ein großes Metallblech mit gekochten Fleischstücken, man reichte zuerst eine scharfe Suppe, dann wurde der Fettsteiß des Tieres in feinste Scheiben geschnitten. Dieser Steiß ist des Nomaden höchstes Essglück.

Im Dunkel des Raumes, dürftig beleuchtet von einer einsamen Kerze, huschten die Kinder ungeduldig und erwartungsfroh: Für sie ist es besonders lecker, eines der Ohren des gekochten Schafskopfes wie einen Lolli abzulutschen. Es war bereits spät, als der Gastgeber beschloss, den Bund ewiger Freundschaft mit seinem Gast zu beschließen. Dazu wird traditionsgemäß ein Auge des gekochten Schafkopfes geteilt. Mit einer raschen Bewegung löffelte der Hausherr ein Auge aus dem Schafskopf, teilte es auf seinem Teller rasch mit sicherem Schnitt und gab die eine Hälfte in meine, die andere Hälfte in seine eigene Suppentasse. Nie wäre es mir in den Sinn gekommen, in ein Schafauge zu beißen. Ich beschloss, den halben Augapfel in einem Stück hinunter zu schlucken. Seine Frau und die Kinder schauten aufgeregt und aufmerksam zu und spendeten begeisterten Applaus, als ich nach kurzer Überwindung das halbe Auge geschluckt hatte. Auch das zweite wurde geteilt. Ich war nun bereits ein Kenner des Augapfelessens – und wusste was zu tun war. Der Gastgeber reichte als Ausdruck seiner Zufriedenheit über meine Kennerschaft des Augapfelessens erneut und mehrfach Wodka, immer eingeleitet von einem kraftvollen Trinkspruch. Die Kultur dieser Toasts strahlte von Russland in die ehemaligen sozialistischen Blockstaaten aus und hat insbesondere in den zentralasiatischen Staaten eine großartige Spontanlyrik hervorgebracht, für die an einigen Orten sogar internationale Wettkämpfe ausgetragen werden. Bereits in jungen Jahren wird gelehrt, wie ein Trinkspruch zu strukturieren sei, mit der munteren Eröffnung, einer zentralen Aussage und dem eleganten Ende. In unauslöschlicher Erinnerung sind mir zentralasiatische Balladen/Toast-Wettkämpfe in spontaner Reimform.

Ein Wolf an der Kette

Am nächsten Morgen ging ich früh hinaus. Die Sonne war noch knapp hinter den Bergen und die frische Luft in der Morgendämmerung war eine Freude für die Lungen. Ich schlenderte über das Gelände der Familie, es war genau abgesteckt, anders als bei mongolischen Nomaden, die sich einfach mitten in die Steppe setzen, schien hier ein anderes Landrecht zu herrschen. Jedenfalls verfügte diese Familie über ein großes Grundstück, umsäumt von einem Zaun. Jeder Pfosten wurde durch einen Tierschädel geziert – Schafe, Ziegen, Pferde, Kühe: Ein seltsames Gruselkabinett in der kristallklaren lichten Höhe der Berge. Ich ging hinter das Haus und hatte offenbar ein Geräusch verursacht, denn sofort schoss pfeilschnell ein Ungeheuer auf mich zu, kurz vor mir abrupt abgebremst durch eine lange Kette. Fauchend, Zähne fletschend und böse knurrend an der Kette zerrend, erkannte ich ein besonderes Mitglied dieser Familie: Sie besaßen einen halb-gezähmten Wolf! Es war noch ein junges Tier, aber ein Wolf bleibt wild und lässt sich kaum domestizieren. In der gemeinsamen Geschichte von Mensch und Hund dauerte dies viele Generationen. Nur dem Hausherrn war es gestattet, sich zur Fütterung dem Wolf zu nähern. Er ging nie ohne Waffe. Zum Frühstück gab es die erkalteten Fleischreste des Vorabends. Wir verabschiedeten uns von diesem Ort intensiver Eindrücke.

Opa singt Mozart in der Jurte

Wir rasteten bei einer mongolischen Familie; sie fragten nach meinem Beruf und ich erklärte, dass ich Musiker sei. Welche Musik machst du? Klassische Musik, antwortete ich. Klassische Musik? Nun, zum Beispiel Mozart, Bach, Beethoven. Ich hoffte, sie hätten die Namen einmal gehört. Sing etwas von deiner Musik vor, wurde ich aufgefordert. Ich war nicht darauf vorbereitet und begann die Anfangstakte von Mozarts Kleiner Nachtmusik zu summen: Bam, BamBam, BamBambambambambaaam, ging die Melodie nach oben. Aus der Ecke, auf dem Bett liegend, antwortete der Großvater mit der korrekten Fortführung der nächsten Takte, die als Antwort nach unten gehen,

Bam, BamBam, BamBambambambambaaam. Mozart war hier, in der größten Einsamkeit inmitten der Berge, Teil des Allgemeinwissens und ein Beispiel für ein ehemals gutes Schulsystem dieses Landes, in dem auch heute noch die Alphabetisierungsrate auf europäischem Niveau liegt und die ersten vier Grundschulklassen in der Regel ein höheres Leistungsniveau als deutsche Klassen haben.

Berg und Tal

Bis auf 4.000 Meter reichen die Bergspitzen des Altai, sie stehen nicht eng zusammen, wie etwa in den Alpen, sondern sie umkränzen Hochtäler enormen Ausmaßes. Dieses Raumgefühl von Weite inmitten großer Berge vermittelt das Gefühl, dem Himmel näher zu sein, und es geht ein tiefes, imaginäres Brummen, ein Kieferknochenton, durch den Körper. Ich steige aus dem Jeep und beschließe, für eine Weile alleine in dieser Wunderlandschaft weiter zu laufen. Ich genieße die großzügige Stille, die Berge sind hoch, sie sind weit, sie machen das Herz weit. Es ist eine Stille von aristokratischer Erhabenheit – mit einem imaginären Brummton, der nur in mir selbst tönt und mich beim Betrachten dieser Landschaft begleitet. Es entsteht eine Art inneres Bedürfnis nach einem tiefen Ton, so wie sich in der Wüste ein Bedürfnis nach kühlem Wasser einstellt. Ich spürte, warum hier in den Altaibergen eine andere Gesangstechnik entstand, als sie die Nomaden der Steppe einst entwickelten: der Chöömij oder Obertongesang. Hier in den Hochtälern des Altaigebirges empfindet man eine andere Notwendigkeit des Singens als in der Steppe oder der Wüste. Auf einem Berg singt man anders als im Tal, am Meer anders als im Wald oder in der Wüste. Hier spürt man einen tiefen Grundton.

Papisan

Tsengel liegt in der Nähe eines Flusslaufs in einem Hochtal, umgeben von hohen Bergen. Im Sommer mag es wie das Paradies aussehen, im Winter präsentierte es sich als karge, kalte Schönheit. Wir überquerten mäandernde Flüsse, deren Verlauf keine Karte fixieren kann, da sich die Flussbiegungen jedes Jahr etwas ändern können. Der Fahrer stoppte jedes Mal vor einer Fluss- oder Seeüberquerung. Mal befand er, das Eis sei vielleicht zu dünn und schlug vor, hundert Meter weiter südlich den Fluß zu überqueren. Die Entscheidungskriterien erschienen mir unsicher, denn er beurteilte die Eisdicke nur nach ihrem Klang. Ergeben vertraute ich dem Fahrer und den guten Geistern. Das ungute Gefühl der Unsicherheit und des Ausgeliefertseins endete, als wir sicher das andere Ufer erreichten. Im Dorf angekommen, fragten wir nach Papisan, dem Sänger. Man erzählte, dass er zwar sehr begabt, aber der Ärmste seines Dorfes sei, denn er hätte keine eigenen Tiere. Er musste sich die Tiere selbst schießen oder im Fluss angeln. Papisan sei zum Eisangeln auf dem zugefrorenen Fluss, hieß es, und man zeigte uns die mutmaßliche Richtung, wo er vielleicht ein Loch in das Eis gehackt haben könnte. Wieder klopfte der Fahrer am Ufer prüfend auf die Eiskante. Das Wasser schien tief zu sein, und niemand wusste genau, ob es unseren Jeep wirklich zur Mitte tragen würde, dort, wo wir in der Ferne einen schwarzen Punkt entdeckten, der sich beim Näherkommen als eine vermummte Gestalt beim Eisangeln entpuppte. Noch hatte der Angler nichts gefangen, er sah müde und enttäuscht aus. Wir hielten neben ihm. »Bist du der Sänger Papisan?« Die am Boden kauernde Person richtete sich auf und sah uns ungläubig an, wie Wesen von einem anderen Stern und nickte stumm. »Wir sind von sehr weit gekommen, um deine Stimme zu hören.« Es arbeitete in ihm: Diese Leute kamen mit einem großen Jeep von weit her, nur um seine Stimme zu hören, zu ihm, dem armen Eisangler. Ein Energieschub ging durch seinen Körper, er streckte sich und vor unseren Augen wandelte sich er sich in eine andere Person. Er war jetzt nicht länger nur der Ärmste seiner Dorfgemeinschaft, sondern er war Papisan, der Sänger mit einer Stimmkunst, deretwegen eine Gruppe extra von weit her angereist war. Das unerwartete Erkennen hatte ihm seine Würde zurückgegeben. Sein Gesicht begann zu leuchten, es bekam das innere Leuchten der Steppennomaden. Behände packte er seine Angelausrüstung ein und stieg zu uns ins Fahrzeug. Er war sichtlich erregt, und seine Aufregung steigerte sich, er gestikulierte, und ich verstand nur so viel, dass er unbedingt rasch ins Dorf müsse, um noch weitere Musiker zusammen zu trommeln. Es war bitter kalt. Papisan zeigte uns den Weg zu einem leerstehenden Haus, das ihm zwar nicht gehörte, auf das er aber als Hausmeister bis zum nächsten Sommer, wenn die Besitzer wieder zurückkommen würden, aufpassen musste. Er schlug vor, dass wir in diesem Haus übernachten sollten, bat uns zu warten und sprang davon, um seine Musikerfreunde zu finden.

Nach ungefähr einer Stunde kam er tatsächlich mit einem kleinen Ensemble mit mongolischen traditionellen Instrumenten.

Und Partisan sang.

Er sang sich hinein in seine schwebenden Obertonmelodien, die nach und nach den Raum mit einem Klang von anderen Planeten füllten. Konzentriert, mit geschlossenen Augen lenkte er seinen Kehlkopfgesang schmeichelnd in unsere Ohren und traf von dort sofort ins Herz. Er war ein Klangmagier mit einem Stimmzauber. Nicht sehr lautstark und auftrumpfend, sondern fast zärtlich und mit großem Nuancenreichtum baute er kunstvoll in die träumende Melodie seiner flötengleichen Obertöne kleine Ornamente und Variationen ein. Obertonsingen stellt ein akustisches Naturphänomen dar. Es wurde ein wunderbares Erlebnis mongolischer Gesangeskunst, und wir richteten unser Nachtlager in diesem Sommerhaus ein. Es war einfach, hart und kalt, das Herz aber vom Gesang gewärmt.

Das Altaigebirge hat weite Täler und tiefe Töne.

Alles begann in Odessa

Odessa, du Schöne! Du empfängst deine Gäste mit dem Stolz einer eleganter Dame, einer schönen älteren Dame mit Geschichte. Deine Bewohner kommen aus 150 Ländern, und zu dir reisten die Menschen nicht nur, um an deinen Stränden am Schwarzmeer Erholung zu suchen, sondern damit ihre Herzen durch den berühmten Witz der Odessiten leicht werden.

Odessa, du Schöne! Die einzige Stadt, in der ich längere Wege wirklich gerne zu Fuß laufe, im Schattenwurf hoher Platanen. Baumeister aus Paris schufen kunstvoll Dein Äußeres, achteten auf einladende

Proportionen, verschwiegene Orte und Parkanlagen. Wer das alte Paris kennenlernen möchte, muss zu dir kommen. Der einzigartige Bauplan der Wiener Oper wurde in Odessa zum zweiten Mal umgesetzt. Man ist eine Handelsstadt und zahlte den Preis. Die Oper wurde dein Symbol, denn dein Alltag ist bereits große Oper, Du lebst Oper, du bist Oper.

Du, legendäre Musik- und Hafenstadt an der ukrainischen Schwarzmeerküste. Du, die du den Menschen die Musikalität deiner Häuser körperlich spüren lässt, die Fassaden lässt du singen. Hier ist die Straße eine Bühne, auf der man sich präsentiert, schöne Frauen gehen nicht einfach über die Straße: Sie flanieren mit aufrechtem, stolzem Gang, überraschend modisch und originell gekleidet, mit der ersten Frühlingssonne zeigen sie ihr Talent, das Makeup den Frühlingsblumen großzügig anzupassen und die Röcke auf ein verschwindendes Minimum zu reduzieren. Sie senden damit keine Signale, sie genießen sie um ihrer eigenen Schönheit willen.

L'art pour l'art auf dem Laufsteg des Alltags.

Odessas Straßen bergen eine geheime gemeinsame Schnittmenge mit den vielen Theaterbühnen dieser Stadt. Die Odessiten lieben ungewöhnliche Präsentationen, auf der Bühne wie auf den Straßen. Es ist unmöglich, sich Odessas Charme zu entziehen. Die größten und berühmtesten Musikerlegenden der ehemaligen Sowjetunion kamen aus diesem Zentrum der Kreativität: die Geiger David Oistrach und Nathan Milstein sowie die Pianisten Svjatoslav Richter, Emil Gilels und Shura Cherkassky.

Ich weiß, warum.

Es gibt einzelne Stimmen, die behaupten gar, der Jazz hätte seine Wiege nicht in Amerika sondern bereits lange zuvor hier in der Völkerstimmenvielfalt gehabt.

Das würde ich blind unterschreiben.

Odessa ist der Ort, wo Menschen sich wohlfühlen.

Der Wind des Zufalls wehte mich nach Odessa, um später gemeinsam mit ukrainischen Freunden, bald nach der politischen Wende, ein Musikfestival zu gründen: Two Days and Two Nights – ein Konzertmarathon an zwei Tagen und Nächten; selbst morgens um vier Uhr sitzen immer noch viele Zuhörer im Saal, viele junge Leute darunter, die nicht nach Hause wollen, sondern sich seltsame Töne aus aller Welt anhören. Bis dahin gab es in der Ukraine keinerlei Hörerfahrung und Kenntnis neuerer Musik aus dem Westen. Sogar Stravinsky war noch nicht bekannt. Der geniale Kunstgriff der Organisatoren, die Konzerte nicht in einem Konzerthaus, sondern in einer ehemaligen Diskothek stattfinden zu lassen, trug dazu bei, dass das Festival rasch eine Attraktion nicht nur für Odessa wurde. Die Zuschauer sitzen an Bistrotischen um ein Bühnenrund in der Mitte und trinken zu anspruchsvollen Musikdarbietungen den einen oder anderen Wodka. Diese Leichtigkeit des Sitzens beflügelt die Bereitschaft zum Hinhören. Das Festival wurde rasch zu einer Plattform, zur Begegnung von Musikern aus Ost- und Westeuropa. Odessa war ein Muss und schon bald aus der internationalen Musikwelt nicht mehr wegzudenken. Seine internationalen Teilnehmer, die Vielfalt der Ensembles aus Ost und West und neu entwickelte Konzertformate brachten das Odessafestival in kurzer Zeit auf Augenhöhe mit dem renommierten Prager Frühling oder Warschauer Herbst, ohne dieses je angestrebt zu haben. Bald stand es gar in einem der wichtigsten deutschsprachigen Musiklexika, Musik in Geschichte und Gegenwart (MGG). Beim ersten Festival 1995 gab es keinerlei Hörtradition für die Musik unserer Zeit: Nach jedem Stück musste man daran appellieren, bitte mit dem Rauchen aufzuhören. Doch schon das zweite Festival war ruhig, und es fielen auch keine Wodka-Flaschen mehr, ab dem dritten Hörmarathon hatte Odessa das aufmerksamste Publikum, das man sich wünschen konnte. Es gibt keine Abnutzungserscheinungen: Two Days and Two Nights ist auch nach Jahren so frisch wie am ersten Tag. Natürlich war dies ein Verdienst der tüchtigen Festivalorganisatoren, die sich rasch zu den kompetentesten Kulturmanagern entwickelten. Aus ganz Osteuropa kamen Praktikanten und Hospitanten, um hier zu lernen, auch aus der Mongolei. Und dann kam – sie – jung an Jahren, und betrat Odessa wie eine Königin der Steppe. Sie kam, um zu lernen, lernte viel und legte mir als verantwortlichem Festivalleiter anschließend ihr Land zu Füßen. Sie hieß »ewig blühender Lotus« und war die schönste Prinzessin ihres Landes, und wenn sie sang, weinten die Menschen vor Glück, denn mit ihrem Gesang holte sie die Energie des blauen Himmels auf die Erde und verteilte sie großzügig in die Herzen ihrer Zuhörer.

Heftig wurde sie von allen Männern des Festivals umworben, jeder suchte die Nähe der schönen Frau aus dem exotischen Lande Dschingis Khans. Sie lachte herzlich und wandte sich nur einer Person zu. Wir durchschritten gemeinsam eine Tür, und sie zeigte mir in ihrem Grasland das, was ich bislang nur erahnte und von dem ich hoffte, es irgendwo auf der Welt zu finden.

O, alter Duft aus Märchenzeit,
Berauschest wieder meine Sinne!
Ein närrisch Heer von Schelmerein
Durchschwirrt die leichte Luft.

Ein glückhaft Wünschen macht mich froh
Nach Freuden, die ich lang verachtet:
O, alter Duft aus Märchenzeit,
Berauschest wieder mich!

All meinen Unmut gab ich preis,
Aus meinem sonnumrahmten Fenster
Beschau ich frei die liebe Welt
Und träum hinaus in selige Weiten …
O, alter Duft aus Märchenzeit!

Aus Pierrot Lunaire von Albert Giraud
Übersetzung: Otto Hartleben

Nachklang

Buddhistische Mönche im Europapark und der Beginn einer Karriere als wüster Gobi-Pianist

Etwa einen Monat vor Beginn des Musikfestivals Roaring Hooves 2017 wurde ich morgens um sechs Uhr von einem Telefonanruf aus süßen Träumen gerissen. Mäßig gelaunt und morgenmüde höre ich vom anderen Ende der Leitung, dass vier mir unbekannte buddhistische Mönche aus der Mongolei in einem Auto auf dem Weg von Prag nach Freiburg sitzen (»schön«) – sie möchten drei Tage in Freiburg bleiben (»prima Idee«) – haben noch kein Hotel (»schade«) – ob sie bei mir wohnen können? (»Hmmm«). Nomaden sind berühmt für Ihre Gastfreundschaft. Sie wird auch umgekehrt vorausgesetzt, denn es ist eine Ehre, Gäste zu empfangen.

Ich erbat Bedenkzeit und nach der dritten Tasse Kaffee dachte ich, dass etwas Spiritualität meinem Hause eigentlich nicht schaden könnte. Ich meldete den Mönchen, dass sie gerne bei mir wohnen könnten, allerdings sei ich das kommende Wochenende gar nicht im Hause und stünde als Gastgeber leider nicht zur Verfügung. Aber ich würde jemanden bitten, sich um die vier Gäste zu kümmern. Ich besorgte vier Matratzen als Schlafstatt und noch eine fünfte für die Mongolin Baadma, die versprach, für Essen und Trinken und ein wenig Sightseeing zu sorgen. In einem Supermarkt kaufte ich Mengen an Fleisch, Nudeln, Wein, Bier, Naschereien. Ich kenne den Appetit mongolischer Männer.

Sie trafen am Abend ein, es wurde ein besonderer Besuch großartiger Gäste, in langen traditionellen, orange-rotbraunen Gewändern, mit kahlen Köpfen und lustig funkelnden Augen. Die wichtigsten Lamas des größten Klosters der Mongolei in meinem Haus, darunter Odgarid, der Chef-Lama des Gandan Klosters in Ulan Bator, des größten Heiligtums der Mongolen. Ein Intellektueller mit modischer Brille, mit dem sich im Verlaufe des Abends tiefgründige philosophisch-religiöse Gespräche und Fragen zur Religionsgeschichte ergaben: über die Voraussetzung der Entstehung einer Religion und warum alle Weltreligionen zwar in Wüsten oder heißen Gegenden entstanden aber auch in Ländern anderer klimatischer Voraussetzungen praktiziert werden. Wie versteht ein Eskimo, der in der Kälte lebt, die Geschichten aus einer heißen Wüste. Diese Fragen blieben ohne Resultat in einer Endlosschleife bis in die Nacht hinein.

Odgarid sprach etwas Englisch, übersetzte für seine Kollegen und konnte ansteckend herzlich über Witze lachen. Seine Funktion ist ungefähr mit der eines Bischofs zu vergleichen. In der Gruppe reiste auch der verantwortliche Lama für die traditionellen Riten und Zeremonien und der Leiter des spirituellen Maskentanzes Tsam. Seit den frühen 2000er Jahren wird dieser rituelle Maskentanz als Mysterienspiel einmal im Jahr im Gandan-Kloster aufgeführt. Vier weise Männer, die aber auch Genüsse zu schätzen wussten und gerne zum Rauchen einer Zigarette öfter nach draußen gingen.

Nach der politischen Wende 1990 gab es in der Mongolei einen Neubeginn des buddhistischen-lamaistischen Klosterlebens, allerdings in einer mongolischen Variante der Riten und Zeremonien. Meine Gäste waren auf dem Weg durch Europa, um herauszufinden, wo sich künftig irgendwo in Europa ein mongolisches Kloster einrichten ließe. Sie meinten, Freiburg wäre besonders geeignet. Der Schwarzwald ist besonders schön, der Kulturbotschafter der Mongolei lebt in Freiburg und leitet seit zehn Jahren das weltweit einzige mongolische Kulturzentrum außerhalb der Mongolei mit regelmäßigen Veranstaltungen, klein wie ein Käsegeschäft, aber es ist das einzige und somit auch das größte.

Ich ließ sie zwei Tage alleine, hinterließ Baadma für die zwei Tage ein Kuvert mit Bewegungsgeld für die Gäste, wohl wissend, dass es kein Restgeld geben würde. Sie hatte in der Tat eine überraschende Idee: Auf Nachfragen fand sie heraus, dass die Mönche noch nie auf einem Karussell oder einer Achterbahn gefahren waren. Spontan wurde der Besuch des Europaparks, eines Freizeitparks in der Nähe Freiburgs, geplant. Der Einwand, dass es für Mönche unschicklich sei, mit ihren traditionellen, langen Gewändern Achterbahn zu fahren, wurde außer Kraft gesetzt: Mit einem gewissen Sinn für praktische Entscheidungen wurde ein Teil des Geldes für den Kauf von T-Shirts und kurzen Sommerhosen für die vier Lamas ausgegeben.

Nach meiner Rückkehr zwei Tage später traf ich auf vier selig-glückliche Mönche mit strahlenden Kinderaugen.

Die Essensberge, Weinkartons und Bierkisten waren inzwischen fort – nicht ein Krümel mehr im Kühlschrank; so besorgte ich in einer nahe gelegenen Tankstelle den nächtlichen Nachschub, bevor wir es lustig hatten. Eine Gitarre machte die Runde zur Begleitung mongolischer und deutscher Lieder, sie erlernten einen deutschen Kanon und genossen die neue kontrapunktische Erfahrung, eine Stimme im Kanon halten zu müssen. Ich besitze eine kleine Sammlung mechanischer Musikinstrumente, kleinere und größere Spieluhren, die nach dem geselligen Singen und kräftigem Aufziehen der Federmotoren zum Leben erwachten. Diese mechanischen Wunderwerke handwerklicher Präzision mit ihren fein-virtuosen Zupfklängen waren für die Mongolen ein Erlebnis von einem anderen Stern. Immer wieder setzten sie die Mechaniken in Bewegung, ließen die kleinen Walzenstifte die Stimmzungen anregen: Mozarts kleine Nachtmusik, eine Bach-Gavotte, zwei virtuose Werke von Paderewski, ein Puppenpärchen dreht sich zum Menuett von Boccherini vor einem kleinen Spiegeltheater im Kreise. Wer den Knopf drückt, lässt bei einem Zigarren- und Schnaps-Spender die Türchen mit Musik auf und zu gehen.

Die Spieluhren erklangen zunächst geordnet nacheinander im solistischen Auftritt, schließlich aber gleichzeitig. Der Komponist John Cage führte den Zufall in die Musik ein. Er hätte seine helle Freude an diesem außergewöhnlichen Vielklang und Durcheinander schönster Klänge.

Nach einigen Gläsern Wein setzte ich mich an meinen Flügel und spielte eine spontane Improvisation; schnelle Läufe nach oben und unten, Triller hier, Melodie da. Meine Gäste waren zutiefst beeindruckt und hielten mich für den deutschen Lang Lang. Prompt bekam ich ein Klavier-Problem, was sich mir aber erst später erschloss.

Sie versprachen für das kommende Festival in der Mongolei eine einmalige und riesige Zeremonie vor dem größten Kloster der Mongolei, in Ulan Bator, dann segneten sie das Haus, Bewohner und Familie und Freunde und verabschiedeten sich fröhlich am nächsten Montag um fünf Uhr in der Früh, da sie unbedingt auch schauen wollten, ob sich Paris ebenfalls für ein mongolisches Kloster eignen könnte. Ich brachte die ausgeliehenen Matratzen wieder zurück, räumte auf und bereitete mich in den Tagen danach auf meine Reise zum Musikfestival in der Mongolei vor.

Drei Tage vor meiner Abreise erreichte mich eine Mail aus Ulan Bator mit zwei Nachrichten: die angekündigte große Zeremonie solle es geben und über tausend Leute würden erwartet sowie alle Würdenträger verschiedener Klöster, allerdings nur, wenn ich auch Klavier spielte (!) und dem Kloster eines meiner Instrumente opferte (!!). Ohne Klavierspiel und Instrumentenopferung keine Zeremonie. Ich war ratlos und erinnerte mich nur flüchtig, was ich den Mönchen in meinem Haus nach einigen Gläsern Wein vorgespielt haben könnte. Nach einigem Suchen in meiner bescheidenen Sammlung handlicher Instrumente packte ich als Instrumenten-Opfer eine kleine afrikanische Kalimba ein: ein Nomaden-Daumenklavier. Ich fand im Keller eine Melodica in Babyblau, die 30 Jahre unbeachtet geruht hatte und packte sie mehr intuitiv als geplant in den Reisekoffer.

Am Tage der Kloster-Zeremonie brannte die Mittagssonne erbarmungslos auf den Vorplatz des Gandan-Klosters. Man hatte einen Altar aufgebaut und weit über tausend Zuschauer lauschten geduldig den Ansprachen der buddhistischen Würdenträger. Die Buddhisten in der Mongolei sind in mehrere kleine Untergruppen geteilt. Neben der Großeinteilung in Rotmützen und Gelbmützen gibt es Untergruppierungen: Mönche, die nach einem mehrjährigem Studium in Indien die reine Lehre vertreten, Mönche, die den mongolischen Sonderweg gehen. Sie alle sehen den Dalai Lama als spirituelles Oberhaupt. Eine Untergruppierung wird von China finanziert und akzeptiert den Dalai Lama nicht als Oberhaupt.

Der Festivalleitung war es gelungen, die wichtigsten Vertreter aller buddhistischen Gruppierungen der Mongolei erstmals zusammenzuführen. Das Musikfestival gab damit einen wichtigen historischen Impuls.

Die Mongolen erlebten in den Tagen davor die Endphase eines Präsidentenwahlkampfes und waren müde von den vielen Versprechungen der Kandidaten. Die Elite des Landes hatte seit der politischen Wende nach 1990 die Chancen der Demokratisierung nicht für den Aufbau eines Grundvertrauens genutzt und die anwesenden Mongolen waren dankbar und zufrieden, zwischen den Wahlkampfauftritten endlich einmal nicht nur politische Versprechungen zu hören sondern eine Veranstaltung mit viel Gesang und klugen Ansprachen der Lamas.

Danach bat man mich an das bereit gestellte Klavier, ein Mikrophon hing zwischen den Saiten und ich präludierte schnelle Skalen rauf und runter, ähnlich wie zuvor in meinem Hause. Meine Improvisation ging über in ein mongolisches Volkslied in Fis-Dur, mit ein paar Schnörkeln und schloss mit Freude schöner Götterfunken mit dem einen oder anderen zusätzlichen Triller. Musikalische Zitate, die freudig erkannt wurden. Einige kunstverständige ältere Herren bedankten sich am Ende der Veranstaltung dafür, dass ich Beethoven gespielt hatte.

Das nationale Fernsehen dokumentierte meine Fingersätze live und übertrug die Triller in jede Jurte des Landes, mit der Folge, dass ich in den Tagen danach auch in weit entlegenen Jurten auf meinen Klavierauftritt angesprochen wurde. War es vielleicht der Beginn einer Karriere als »wüster Gobi Pianist«? Jedenfalls hoffe ich darauf, dass bei künftigen Auftritten in der Wüste das jeweilige Klavier immer genügend weiße und schwarze Zähne hat.

Die Zeremonie war noch nicht zu Ende, denn ich hatte noch kein Instrument geopfert. Vor der TV-Kamera spielte ich einige Takte auf der afrikanischen Kalimba, wies auf die Verbindung der zwei Nomadenkulturen hin, die weltweit nur mit leichten Musikinstrumenten durchs Land ziehen und legte meine instrumentale Opfergabe auf den Altar, bevor acht starke Männer diesen mit der Kalimba für alle Ewigkeit in den größten Tempel des Landes trugen. Dort wird sie also in Frieden ruhen … Und künftige Touristengenerationen werden sich staunend fragen, wie das afrikanische Instrument auf einen mongolischen Altar gelangte.

Die Klosterzeremonie neigte sich ihrem Ende zu, als ich gebeten wurde, spontan noch irgendetwas musikalisch Integratives mit allen Zuhörern zu machen. Da kamen mir zwei rettende Gedanken: meine Melodica und Mozarts Klarinettenkonzert. Die Melodie im langsamen Satz ist wunderbar gesanglich und die ersten acht bzw. sechzehn Takte werden wiederholt und sind deshalb überaus praktisch zum

Mitsingen geeignet. Ich begann also tapfer mit dem Klarinettensolo auf meiner babyblauen Melodica und lud mit einer Handbewegung bei den Wiederholungen das Publikum zum Mitsummen ein. Über 1.000 Mongolen summten Mozart. Dieser hätte daran mit Sicherheit seine Freude gehabt.

Ein denkwürdiger Tag, an dem es der Festivaldirektorin Baadma auch gelang, erstmals in der Geschichte und über das Internet koordiniert alle Mongolen am Tag der Sommersonnenwende um 12 Uhr Mittag im ganzen Land gemeinsam dasselbe Lied singen zu lassen.

Danksagung

Dank an *Samdandamba Badamkhorol* (Baadma). Sie kennt wie kein anderer die mongolische Kultur mit ihren Initiativen und Projekten.

Baadma hat mit ihrem Wissen unschätzbare Impulse für das kulturelle Leben der Mongolei gegeben. Dank ihrer fundierten Kenntnisse alter Traditionen, ihrer Kompetenz als Sängerin, als Musikerin öffnete sie mir den Zugang zu diesem geheimnisvollen Land in all seinen Facetten. Dazu ist sie eine universelle Kulturmanagerin. Sie verhalf mir, das Vertrauen der Menschen, der wichtigsten Lamas und der Schamanen sämtlicher Minoritäten zu gewinnen. Sie führte mich ein in deren Riten und das Leben der Nomaden – ein Privileg, das meinen Blick auf das Leben geweitet hat. Für diese Erfahrung, diese großartige Unterstützung und die langjährige Zusammenarbeit verneige ich mich in Dankbarkeit. Bayarlaa

Traute Hensch habe ich für ihr sorgfältiges Lektorat zu danken, auch für die segensreiche Begleitung als kritische Dialogpartnerin bei der Vorbereitung des Manuskripts.

Chimeddorj Shagdarjav danke ich für seine Zeichnungen, *Tumendemberel Gantulga* für die Miniaturmalereien »Mongolische Horizonte« und *Frau Dr. Renate Warnecke* für ihre Fotos.

Klaus Burger und vielen anderen danke ich für das Korrekturlesen und ihre Unterstützung.

Ein Tanz für den einzigartigen Khövsgöl See. Er ist bis zu 262 m tief, 134 km lang und 39 km breit

Eine zarte Glockenblume erhebt sich aus einem kargen Steinmeer

Nomaden reiten zum Festival in der Wüste

Ein Oovo, Stätte zur Huldigung lokaler Geister und Gottheiten der beseelten Natur

Ein doppelter Vajra auf dem Dach eines alten Tempels, buddhistisches Symbol für Weisheit und Mitgefühl

Siegerehrung für die Reiter nach dem 20 km langen Pferderennen

Kamele der Nomaden ruhen sich nach langer Wanderung aus

Diese schwere Bronzeglocke in der Nähe des Klosters muss dreimal geschlagen werden, bevor man das 3 km entfernte Energiezentrum betritt

Eine erstaunliche Pflanzenvielfalt ergötzt das Auge in einem Meer aus Steinen

Ein aparter Vogel im Orkhontal

Models in traditioneller Kleidung umschreiten einen kleinen Tempel

Heftige Naturgewalten wie Stürme und Waldbrände setzen den Bäumen immer wieder zu

Ein Model der Gobi Fashion Show

Unser treuer mongolischer Begleiter

Ein Schlagzeugkonzert für den Khövgöl See

Ein Stupa über einem buddhistischen Museum

Nachbildung eines silbernen Baumes mit 4 Ästen, aus denen sich bei festlichen Anlässen berauschende Getränke ergossen, erbaut von einem Sklaven der Mongolen

Segnung und Namensgebung der Rentiere

Abendstimmung am Khövgöl See

Eine Feuerpuja der Schamanen

Ein Schamane bereitet sich auf eine Zeremonie vor.

Eine Schamanin während der Zeremonie zur Segnung der Naturgeister

Pferde rücken mit den Köpfen zusammen bei gleichzeitiger Kühlung der Fesseln bei über 40° C

Tief versunken in die Natur

Sonnenuntergang in Sainshand

Große Freude nach der gelungenen Aufführung einer neuen Komposition für die Wüste

Ein Konzert für die Bäume, gespielt von einem traditionellen mongolischen Orchester

Ein Blick vom wunscherfüllenden Berg in die unendliche Weite der Wüste

Denkmal zur Erinnerung an die Größe des mongolischen Weltreichs, das hier im Orkhontal gegründet wurde. Ein Oovo in der Mitte steht für die große Bedeutung der Schamanen

Ein schmuckes mongolisches Holzhaus

Ein Sandsturm fegt über die Gobi

Nervöse Väter warten auf das Ende des Pferderennens ihrer Sprösslinge

Schmetterlinge versammeln sich an der einzigen feuchten Stelle im Tal des Khogno Khan Gebirges

Gobi Fashion Show

Große Pferdeherden suchen Abkühlung im Fluß bei über 40°

Eine höchst komfortable Gästejurte für 2 Personen

Die Gläubigen bringen der Statue des Buddha Shakyamuni Opfergaben dar

Das jahrtausende alte Symbol Swastika bedeutet »Glück«, »Heil« und »Segen«

Buddhistische Stupas auf dem Weg zum wunscherfüllenden Berg

www.mana-verlag.de

MANA

Abenteuer REISEN

humorvoll | emotional | kritisch

Fremder Iran
Sittenwächter wandern nicht

von Iris Lemanczyk

Wie kommen Iraner ohne Handtücher im Bad aus? Woher kommt die starke Solidarität unter Frauen, wenn es darum geht, ein Zeichen gegen den Hijab zu setzen? Iris Lemanczyk reiste in den Iran und fand Antworten auf diese und viele weitere Fragen.

Fremdes Neuseeland
Te Araroa – Der lange Weg

von Ann Kathrin Saul

Ihre Mutter starb. Ihre Ehe ein Scherbenhaufen. Ihre Lebensfreude verflogen ... Um wieder zu sich selbst zu finden, lief Ann Kathrin Saul den Fernwanderweg Te Araroa – von Neuseelands Nordspitze bis zum südlichsten Punkt der Südinsel. *Fremdes Neuseeland* – eine inspirierende Geschichte.

Fremdes Japan
Wie ich versuchte, 88 Tempel zu erobern und mich dabei in Japan verlor

von Thomas Bauer

»[D]er Journalist Thomas Bauer schreibt so amüsant und interessiert, so humorvoll und selbstironisch, so genau beobachtend und authentisch, so bunt und sprachlich gekonnt, dass die Lektüre von der ersten Seite an einen Riesenspaß macht und man das Buch – auch wenn man selber nicht vorhat, zum Wallfahren um die halbe Welt nach Japan zu reisen – gar nicht mehr aus der Hand legen möchte.« (Borromäusverein)